MICHAEL ROSCHER

Astrologische Transite

Standardwerke der Astrologie

Michael Roscher

Astrologische Transite

Aspekte, die sich in der Zukunft bilden

978-3-89997-287-0

Umschlag: Judith Machnow, Tübingen
Foto: depositphotos
Druck: SDL, Berlin

Zu beziehen über:
Chiron Verlag, Postfach 1250, D-72002 Tübingen
www.Chiron-Verlag.de

Inhalt

Einführung **7**
Sonnen-Transite **11**
Sonne-Mond-Transite 12
Sonne-Merkur-Transite 16
Sonne-Venus-Transite 20
Sonne-Mars-Transite 23
Sonne-Jupiter-Transite 28
Sonne-Saturn-Transite 31
Sonne-Uranus-Transite 35
Sonne-Neptun-Transite 40
Sonne-Pluto-Transite 45
Mond-Transite **49**
Mond-Merkur-Transite 50
Mond-Venus-Transite 55
Mond-Mars-Transite 59
Mond-Jupiter-Transit 62
Mond-Saturn-Transite 67
Mond-Uranus-Transite 72
Mond-Neptun-Transite 76
Mond-Pluto-Transite 82
Merkur-Aspekte **87**
Merkur-Venus-Transite 88
Merkur-Mars-Transite 91
Merkur-Jupiter-Transite 94
Merkur-Saturn-Transite 98
Merkur-Uranus-Transite 102
Merkur-Neptun-Transite 107
Merkur-Pluto-Transite 112
Venus-Transite **117**
Venus-Mars-Transite 118

Venus-Jupiter-Transite 121
Venus-Saturn-Transite 125
Venus-Uranus-Transite 129
Venus-Neptun-Transite 134
Venus-Pluto-Transite 139

Mars-Transite 145
Mars-Jupiter-Transite 146
Mars-Saturn-Transite 150
Mars-Uranus-Transite 156
Mars-Neptun-Transite 161
Mars-Pluto-Transite 165

Jupiter-Transite 171
Jupiter-Saturn-Transite 172
Jupiter-Uranus-Transite 175
Jupiter-Neptun-Transite 179
Jupiter-Pluto-Transite 183

Saturn-Transite 189
Saturn-Uranus-Transite 190
Saturn-Neptun-Transite 195
Saturn-Pluto-Transite 200

Uranus-Transite 205
Uranus-Neptun-Transite 206
Uranus-Pluto-Transite 210

Neptun-Transite 215
Neptun-Pluto-Transite 216

Einführung

Transite sind das einzige unumstrittene Prognoseverfahren, da es sich direkt aus den Verhältnissen am Himmel herleitet. Direktionen, Progressionen und Solare hingegen haben immer den Beigeschmack des Konstruierten. Dies muss ihren Wert nicht schmälern, doch gehen in Astrologenkreisen die Ansichten bezüglich Deutung und Berechnung weit auseinander.

Bei Transiten stellt sich dieses Problem nicht. Die zukünftige Position der laufenden Planeten lässt sich mithilfe der Ephemeriden einfach und problemlos bestimmen, sodass diesem Verfahren nicht nur als Anfänger der Vorzug zu geben ist.

Praktisch geht man folgendermaßen vor: Man schlägt das für die Untersuchung maßgebliche Datum in den Ephemeriden auf und trägt die dort angegebenen Planetenpositionen am Außenrand des Geburtshoroskops ein.

Für eine allgemeine Übersicht kann und sollte man auf die Positionen von Sonne, Mond, Merkur, Venus und Mars verzichten. Durch ihre hohe Umlaufgeschwindigkeit ist ihr »Einfluss« von sehr kurzfristiger Natur, der beim Mond lediglich für einige Stunden, bei Sonne, Merkur, Venus und Mars nur wenige Tage gilt.

In der Deutung geht man prinzipiell nicht anders als bei der Analyse des Grundhoroskops vor: Man untersucht die Hausposition des laufenden Planeten (siehe folgende Kapitel) und schaut, ob sich Aspekte zu Planeten oder Hausspitzen im Radix-Horoskop ergeben.

Dabei ist folgender Grundsatz immer zu beachten: Ein Transit kann nur Ereignisse auslösen, die bereits im Radix-Horoskop angelegt sind. Praktisch bedeutet dies: Die Konstellationen eines laufenden Planeten sind immer so »gut« oder so »schlecht« wie seine Stellung im Grundhoroskop. Ein sehr verletzter Jupiter im Radixhoroskop kann selbst beim schönsten Transit nur wenig Gutes bringen, ein gut gestellter Saturn wird auch bei schwierigen laufenden Konstellationen kaum Schaden anrichten.

Die vielfach gemachte Unterscheidung »Jupiter-Transite = positiv, Saturn-Transite = problematisch« ist irreführend und falsch. Ähnliches gilt für die übrigen Planeten. Strenggenommen sind allgemeine Deutungshinweise in der Prognose nicht möglich, da immer die Bedeutung des Planeten im Radix-Horoskop zugrunde gelegt werden muss. So wird z. B. der laufende Uranus in einem Horoskop mit Löwe-Aszendenten (und Wassermann-Deszendenten) immer Partnerschaftsbezug haben, da er in diesem Fall ja Herrscher von Haus 7 ist. Ein Mars als Herrscher von Haus 2 (= Spitze des 2. Hauses Widder) gibt u. a. Auskunft über die Entwicklung der wirtschaftlichen Situation, während Neptun als Herrscher von Haus 6 (= Spitze des 6. Hauses Fische) für die gesundheitliche Verfassung mit verantwortlich ist.

Die folgenden Transitanalysen sind als Übungsbeispiele aufzufassen. Eine höhere Deutungsgenauigkeit erreicht der Fortgeschrittene, indem er den laufenden Planeten durch den ihm zugeordneten Häuserherrscher ersetzt. Der laufende Jupiter wäre also durch den Herrscher von Haus 9, der laufende Saturn durch den Herrscher von Haus 10, der laufende Uranus durch den Herrscher von Haus 11, der laufende Neptun durch den Herrscher von Haus 12 und der laufende Pluto durch den Herrscher von Haus 8 zu ersetzen. Diese Vorgehensweise erlaubt eine wesentlich größere Treffsicherheit und Zuverlässigkeit in der Prognose, da individuelle Faktoren mit einbezogen sind. Selbstverständlich darf auch bei dieser Vorgehensweise die eigentliche Planetenqualität nicht außer Acht gelassen werden. So ergibt sich ein wesentlicher Unterschied in Deutung und Prognose, ob z.B. Saturn oder Neptun Herrscher von Haus 7 ist.

Von großer Wichtigkeit für die prognostische Praxis ist die Feststellung, innerhalb welchen Spielraumes ein laufender Aspekt noch Gültigkeit hat – also »Der Transit Pluto steht in 10° Skorpion, mein Aszendent auf 18° Skorpion, kann ich das schon als Konjunktion werten?«

Das Wort »Orbis« bedeutet »Umkreis«. Gemeint sind damit die

Grenzen, in denen ein Transit Gültigkeit hat. So kommt es zum Beispiel nur sehr selten vor, dass zwei Planeten genau an der gleichen Stelle im Horoskop stehen, also eine völlig exakte Konjunktion bilden. Meist weichen sie von dieser exakten Position ein wenig ab, wenn etwa der Mond auf 23° Widder und der Mars auf 26° Widder steht. Auch dieser Aspekt wird noch eine Konjunktion genannt, obwohl er von dem geforderten Null-Grad-Abstand abweicht.

Das Gleiche gilt für die anderen Aspekte und es stellt sich die Frage, innerhalb welcher Grenzen ein Aspekt oder Transit noch gilt und ab wann der Orbis überschritten ist. Viele Astrologen haben hier versucht, komplizierte Regelsysteme aufzustellen, in denen für jeden Aspekt und jeden Planeten der exakte Orbis festgelegt werden sollte. Dies ist jedoch in der Praxis unsinnig: Jedes Horoskop ist anders, und es gibt eine zu große Anzahl von Kriterien zu berücksichtigen, um im Einzelfall zu entscheiden, ob ein Aspekt noch gilt oder nicht. Ich schlage deshalb folgendes Verfahren vor:

1. Arbeiten Sie mit einem Orbis von 3 Grad in beiden Richtungen. So würde zum Beispiel ein Quadrat von 87 bis 93 Grad gelten.
2. Beziehen Sie die Geschwindigkeit der Planeten in Ihre Überlegungen mit ein: Je schneller sich ein Planet bewegt, umso größer wird der zulässige Orbis. So mag eine Konjunktion zwischen Sonne und Mond ein größerer Orbis noch Gültigkeit haben, während ein Sextil zwischen Neptun und Pluto schon bei 3 Grad Orbis bedeutungslos wird.
3. Bedenken Sie, dass Astrologie nicht nach dem Lichtschalterprinzip funktioniert: Je größer der Orbis, umso schwächer ist die Wirkung eines Aspektes. Es ist nahezu unmöglich, präzise den Punkt anzugeben, ab dem der Aspekt gerade überhaupt keine Wirkung mehr hat.
4. Wählen Sie den Orbis lieber zu klein als zu groß; erfahrungsgemäß neigen Astrologieanfänger, in ihrem verständlichen Bedürfnis, dem Horoskop möglichst viele Informationen zu entlocken, zu geradezu astronomischen Orben.

Für den Umgang mit Transiten hat sich in der Praxis folgende Vorgehensweise bewährt: Nehmen Sie an, dass ein Aspekt bei fünf Grad Orbis gerade erst oder gerade noch wirksam ist, während man ihn bei einem Orbis von drei Grad und weniger »ernst« nehmen muss. Nähert sich ein Planet auf zwei Grad einer Häuserspitze, so befindet er sich in Konjunktion mit ihr und wird folglich schon dem nächsten Haus zugerechnet.

Von dieser Regel gibt es zahlreiche Ausnahmen, die jedoch für die ersten Übungen im Prognostischen völlig bedeutungslos sind.

Wichtiger, als konkrete Ereignisse »vorhersagen« zu wollen, scheint mir die Bestimmung von Entwicklungsphasen, die sich am besten mithilfe der Durchgänge der Transitplaneten durch die Radixhäuser feststellen lassen.

Sonnen-Transite

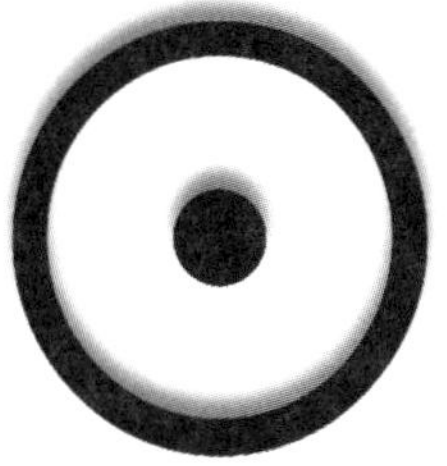

Prinzip: emotionales Handeln

Konjunktion der Radix-Sonne mit dem Transit-Mond

Entspricht auch der Konjunktion zwischen dem laufenden Herrscher von Haus vier und dem Herrscher von Haus fünf

Dieser Transit dauert, wie alle Transite des Mondes, nur wenige Stunden lang und ist nur selten von herausragender Bedeutung. Er wiederholt sich alle vier Wochen einmal und repräsentiert den Zyklus unseres Selbstwertempfindens. Wenn der Mond über unsere Radix-Sonne läuft, können wir uns mehr als zu jedem anderen Zeitpunkt mit unseren Handlungen identifizieren: Das, was wir tun, und das, was wir wahrnehmen, ist nahezu identisch. So kann dieser Zeitpunkt genutzt werden, um herauszufinden, in welchem Maße unser Verhalten noch mit unserem Empfinden übereinstimmt. Wenn während des Transits Unzufriedenheit, Selbstkritik und andere negative Empfindungen auftreten, so ist dies ein guter Zeitpunkt, um neue Pläne zu machen, schlechte Gewohnheiten aufzugeben und positive Verhaltensänderungen zu beschließen.

Manchmal kommt es bei diesem Transit vor, dass einem schlagartig bewusst wird, was das eigene Verhalten bei anderen ausgelöst hat. Dies schafft eine gute Voraussetzung für Versöhnungsgespräche und gegenseitiges Verständnis.

Auch wenn Sie sich beim Mondübergang besonders zentriert und stabil fühlen, so sind Sie in dieser Zeit doch verwundbarer, als Sie vermuten werden. Ihr gesamtes autonomes Nervensystem organisiert sich neu, sodass Schockerlebnisse, Schlafentzug oder medizinische Eingriffe zu unerwarteten Komplikationen führen können. Hier kann ein wenig Vorsicht kaum schaden.

Konjunktion des Radix-Mondes mit der Transit-Sonne

Entspricht auch der Konjunktion zwischen dem laufenden Herrscher von Haus fünf und dem Herrscher von Haus vier

Dieser Transit wiederholt sich jedes Jahr zur gleichen Zeit und dauert etwa drei Tage. Alle Gefühle und Stimmungen, die Sie sonst möglicherweise vor sich und anderen verbergen, kommen nun an die Oberfläche. Sie werden im wahrsten Sinne des Wortes offensichtlich. Unterdrückter Ärger, Einsamkeitsgefühle, aber auch uneingestandene Sympathie brechen hervor und geben Ihnen für das kommende Lebensjahr die Möglichkeit einer Neuorientierung.

Dinge, die in diesen Tagen begonnen, und Vorsätze, die in dieser Zeit gefasst werden, manifestieren sich bis zur Wiederkehr des Transits außerordentlich intensiv und prägend. Wenn Sie Ihr Leben authentischer gestalten wollen, gibt es keinen günstigeren Zeitpunkt, damit zu beginnen.

Spannungsaspekte (Opposition und Quadrat) der Radix-Sonne mit dem Transit-Mond

Entsprechen auch Spannungsaspekten zwischen dem laufenden Herrscher von Haus vier und dem Herrscher von Haus fünf

Dieser Transit ist ein guter Zeitpunkt, um Vorsätze, die Sie vor einigen Tagen gefasst haben, in die Tat umzusetzen. Hier können Sie konsequent sein und unbehelligt von Tagesstimmungen handeln. Die Ursache liegt in einer deutlichen Dominanz der Handlungsfähigkeit gegenüber dem Gefühlsleben. So steht Ihnen viel persönliche Energie zur Verfügung, und Sie haben ein gesteigertes Bedürfnis, aktiv zu sein, dem Sie auch ruhig nachgeben sollten. Im Umgang mit anderen, sei es am Arbeitsplatz oder in der Freizeit, sollten Sie ein wenig vorsichtig und zurückhaltend sein, da Sie in diesen Tagen möglicherweise dazu neigen, die Gefühle anderer unabsichtlich zu verletzen.

Spannungsaspekte (Opposition und Quadrat) des Radix-Mondes mit der Transit-Sonne

Entsprechen auch Spannungsaspekten zwischen dem laufenden Herrscher von Haus fünf und dem Herrscher von Haus vier

Dieser Transit ergibt sich dreimal pro Jahr zur gleichen Zeit und dauert jeweils zirka drei Tage. Vermutlich handeln Sie konsequent gegen Ihre eigenen Gefühle, indem Sie zum Beispiel versuchen, sich härter oder nachgiebiger zu geben, als Sie in Wirklichkeit sind. Der Transit der Sonne über Ihren Radix-Mond entspricht gleichzeitig dem Höhepunkt und dem Zusammenbruch dieses Prozesses. Vermutlich gehen Sie sich selbst binnen kürzester Zeit so auf die Nerven, dass Sie weder die Lust noch die Kraft haben, sich weiterhin anders zu geben, als Sie nun einmal sind. Dies ist zweifellos ein positives Element, und es entspricht auch genau dem, was es bei dem Transit zu lernen gibt. Nämlich, dass es viel zu viel Energie kostet und Ihnen letztlich nur schadet, wenn Sie sich selbst verleugnen. Andererseits werden Sie bei Ihrem plötzlichen Übergang zu authentischem Verhalten alles andere als diplomatisch sein, schließlich sind Ihre normalen Kontrollmechanismen gerade außer Kraft. So sind Sie gleichzeitig potenziell verletzlich und verletzend. Es ist klug, während des Transits Auseinandersetzungen aus dem Weg zu gehen, soweit dies überhaupt möglich ist, und sich vor allem darauf zu konzentrieren, mit sich selbst ins Reine zu kommen. Das sollten Sie allerdings auch wirklich versuchen und nicht etwa nur probieren, das plötzlich aufgerissene Loch mit Ihren Verdrängungsmechanismen zu stopfen, um dann weiterzumachen wie bisher. Es wäre schade um die vertane Chance. In schwerwiegenden Fällen können sich psychosomatische Störungen wie Magenbeschwerden und Herzrhythmusstörungen ergeben.

Harmonische Aspekte (Trigon und Sextil) der Radix-Sonne mit dem Radix-Mond

Entsprechen auch harmonischen Aspekten zwischen dem laufenden Herrscher von Haus vier und dem Herrscher von Haus fünf

Die Wirkung dieser Transite ist so subtil und schwach, dass sie vermutlich nur von ausgesprochen sensiblen Naturen deutlich wahrgenommen wird. Sie entsprechen Stunden seelischer Ausgeglichenheit, in denen es einmal Ruhe vor den permanenten Spannungszuständen zwischen Wollen und Müssen, Gefühl und Bewusstsein gibt. Sie sollten diese Stunden zur Kontemplation nutzen und Ihren Seelenfrieden genießen. Für Aktivitäten oder gar Auseinandersetzungen sind sie ohnehin nicht geeignet. Sollten allerdings angespannte Verhältnisse vorliegen, insbesondere in der Partnerschaft und der Beziehung zu Untergebenen, so ist dies eine günstige Gelegenheit, um Einvernehmen wiederherzustellen.

Harmonische Aspekte (Trigon und Sextil) des Radix-Mondes mit der Transit-Sonne

Entsprechen auch harmonischen Aspekten zwischen dem laufenden Herrscher von Haus fünf und dem Herrscher von Haus vier

Auch dieser Transit dauert, wie alle Sonnentransite, zirka drei Tage und wiederholt sich jedes Jahr zur gleichen Zeit. Es handelt sich um eine gute Gelegenheit, Träume und Wünsche in die Tat umzusetzen, an deren Verwirklichung Sie sich bisher nicht heranwagten. Sie haben ein besonders feines Gefühl für das Mögliche und schätzen sich selbst ausgesprochen realistisch ein. Da Sie in diesen Tagen die Fähigkeit haben, Ihre Interessen anderen besonders überzeugend zu vermitteln, wird es leichtfallen, Unterstützung zu finden, wo immer sie benötigt wird. Bei dieser Form von Sonne-Mond-Transit können Sie lernen, Ihre Interessen so spannungsarm und mühelos wie nur möglich zu verwirklichen. Vielleicht gelingt es Ihnen, davon ein Stück in den »normalen« Alltag hinüberzuretten.

Prinzip: flexibles Handeln

Konjunktion der Radix-Sonne mit dem Transit-Merkur

Entspricht auch der Konjunktion zwischen dem laufenden Herrscher von Haus drei oder sechs und dem Herrscher von Haus fünf

Die Gültigkeitsdauer dieses Transits beträgt insgesamt etwa zwei Tage.

Irgendein Auslöser – wie zum Beispiel ein Brief – wird an diesem Tag eine Verhaltensänderung bei Ihnen veranlassen, das heißt, Sie werden Ihre ursprünglichen Pläne ändern. Ob dies eher angenehmer oder unangenehmer Natur ist, hängt davon ab, wie Sonne und Merkur in Ihrem Horoskop gestellt sind. An sich ist dieser Transit neutraler Natur und damit weder positiv noch negativ zu werten.

Grundsätzlich lässt sich jedoch sagen, dass Sie am Tag des Transits vermutlich eine Information erhalten werden, die Sie mit etwas Geschick zu Ihrem Vorteil nutzen können.

Konjunktion des Radix-Merkur mit der Transit-Sonne

Entspricht auch der Konjunktion zwischen dem laufenden Herrscher von Haus fünf und dem Herrscher von Haus drei oder sechs

Transiten zwischen Merkur und Sonne kommt für sich allein genommen nur selten eine herausragende Bedeutung zu. Dies gilt für alle schnell laufenden Planeten. Die Gültigkeitsdauer dieser Transite ist nur kurz und ihr Einfluss eher gering. In stärkstem Maße treffen solche Bewertungen auf den laufenden Mond zu. Bei den übrigen Wandelsternen liegt die Wirkungsdauer eines Transits niemals unterhalb eines Tages.

Aktivitätsdrang überlagert das rationale Denken und die Vernunft. In dieser Zeitphase kann es Ihnen gelingen, Dinge auszuführen, zu denen Sie sich bisher nicht aufraffen konnten. Vielleicht ist auch das Bedürfnis vorhanden, sich mit jemandem einmal auszusprechen, was Ihnen unter einem Sonne-Merkur-Transit leichter fallen wird als sonst.

Falls Sie eher zurückhaltend oder gar passiv veranlagt sind, ist jetzt ein günstiger Zeitpunkt, es mit ein wenig Extraversion zu versuchen. Tun Sie das, was Sie schon immer tun wollten, sich jedoch bis jetzt nicht trauten. Sprechen Sie die Dinge aus, die Ihnen schon lange auf der Zunge liegen.

Die laufende Sonne über dem Radix-Merkur ist für eher schüchterne Menschen ein günstiger Zeitraum (von drei Tagen), um aus sich herauszugehen und bisherige Hemmungen zu überwinden. Wer allerdings ohnehin nicht unter mangelndem Selbstdarstellungsdrang leidet, sollte vielleicht ein wenig darauf achten, nicht zu übertreiben.

Spannungsaspekte (Opposition und Quadrat) der Radix-Sonne mit dem Transit-Merkur

Entsprechen auch Spannungsaspekten zwischen dem laufenden Herrscher von Haus drei oder sechs und dem Herrscher von Haus fünf

Diese Konstellation gilt für etwa ein bis zwei Tage. In dem Zeitraum könnte in Ihrer unmittelbaren persönlichen Umgebung etwas vorfallen, das Ihre Handlungsmöglichkeiten in einer nicht angenehmen Weise verändert. Der Spannungsaspekt allein vermag kaum etwas zustande zu bringen, über das Sie sich ernsthaft Sorgen machen müssten. Dennoch mag es Ihnen unangenehm und oder lästig sein. Vielleicht sind Sie einfach nervös und tendieren dazu, Fehler zu machen. Eventuell bekommen Sie mit, wer hinter Ihrem Rücken Unerfreuliches über Sie erzählt.

Es kann sein, dass Sie in irgendwelche »Fettnäpfchen« treten und unabsichtlich jemanden kränken. Vielleicht kommt es aufgrund einer ungeschickten Äußerung von Ihnen zu einem Missverständnis, das Ihnen eher Unbehagen bereitet.

Dieser Transit gibt Ihnen die Möglichkeit, sich selbst und Ihr Verhalten auf eine neue Art zu deuten. Auch wenn Ihnen nicht gefällt, was Sie zu sehen bekommen, so haben Sie doch die Chance, Fehler im Verhalten zu korrigieren und damit Anspruch und Wirklichkeit in größere Übereinstimmung zu bringen.

Spannungsaspekte (Opposition und Quadrat) des Radix-Merkur mit der Transit-Sonne

Entsprechen auch Spannungsaspekten zwischen dem laufenden Herrscher von Haus fünf und dem Herrscher von Haus drei oder sechs

In der Regel dauert dieser Transit nur etwa drei Tage. In diesem Zeitraum werden Sie vermutlich Ideen und Gedanken haben, die Sie jetzt nur mit Schwierigkeiten oder auch gar nicht in die Tat umsetzen können. Ob Ihnen die Idee kommt, sich mit einem Jugendfreund wieder zu treffen, oder Ihnen eine neue Methode einfällt, wie Sie Ihren Computer neu konfigurieren können, ist dabei unerheblich: Es wird vermutlich nicht bzw. nur unter Schwierigkeiten oder aber auch ganz anders, als Sie dachten, klappen.

Harmonische Aspekte (Trigon und Sextil) der Radix-Sonne mit dem Transit-Merkur

Entsprechen auch harmonischen Aspekten zwischen dem laufenden Herrscher von Haus drei oder sechs und dem Herrscher von Haus fünf

Die Wirkung dieses Aspektes ist nur in Ausnahmefällen überhaupt spürbar.

Möglicherweise erhalten Sie eine angenehme Nachricht. Für die Gültigkeitsdauer des Transits, die bei etwa drei Tagen liegt, vertragen sich Herz und Verstand außergewöhnlich gut. Es fällt Ihnen leicht, sich so zu geben, wie Sie es wollen. Mühelos können Sie ausdrücken, was Sie sagen wollen, und Ihr Gesprächspartner wird Ihnen zuhören.

Vielleicht gelingt es Ihnen, während dieses Transits zu jemandem so nett zu sein, dass er Ihnen ungewollt »aus der Hand frisst«.

Es ist auch eine gute Phase, um sich schriftlich zu äußern, zum Beispiel, indem Sie Briefe schreiben.

Harmonische Aspekte (Trigon und Sextil) des Radix-Merkur mit der Transit-Sonne

Entsprechen auch harmonischen Aspekten zwischen dem laufenden Herrscher von Haus fünf und dem Herrscher von Haus drei oder sechs

Dieser Transit wirkt extrem schwach. Wesentlich stärker kommt der Transit zum Tragen, wenn er auf die Herrscher von Haus drei oder Haus sechs und fünf bezogen wird und es sich hier um Langsamläufer handelt, also zum Beispiel Jupiter oder Saturn.

Wenn sich spürbare Wirkungen ergeben, so werden sie sich in der Weise äußern, dass Sie aktuelle Gedanken und Pläne unmittelbar erfolgreich in die Tat umsetzen können. Dabei geht es weniger um die großen als um die kleinen Dinge: Das Auto springt nach Ihrer Reparatur problemlos an, Sie erreichen jemanden am Telefon, den Sie schon länger sprechen wollten. Dinge dieser Größenordnung, nicht mehr und nicht weniger. Auch wenn sich damit nicht das ganz große Los gewinnen lässt, für drei relativ angenehme Tage kann es allemal reichen. Insgesamt ergeben sich diese Transite jedes Jahr für vier mal drei Tage.

Prinzip: sicherheits- und begegnungsorientiertes Handeln

Konjunktion der Radix-Sonne mit der Transit-Venus

Entspricht auch der Konjunktion des laufenden Herrschers von Haus zwei oder sieben mit dem Herrscher von Haus fünf

Transite der laufenden Venus wirken sich eher schwach aus. Wenn andere Transite bestätigend hinzukommen, sind diese Tage gut geeignet, um Bekanntschaften zu machen. Sie werden nicht unbedingt übermäßig aktiv sein, doch Sie verfügen heute über eine Ausstrahlung, die den Menschen, die Ihnen etwas bedeuten, nicht verborgen bleibt. So werden Sie auf alle, mit denen Sie persönliche Beziehungen haben, sowie auf die, zu denen Sie gerne eine solche hätten, ausgesprochen anziehend wirken. Wer unter dieser Konstellation Ihrem Charme nicht erliegt, passt vermutlich einfach nicht zu Ihnen.

Es ist auch ein Tag, der für Geldanlagen und andere existenzsichernde Maßnahmen gut geeignet ist.

Konjunktion der Radix-Venus mit der Transit-Sonne

Entspricht auch der Konjunktion des laufenden Herrschers von Haus fünf mit dem Herrscher von Haus zwei oder sieben

Sie wirken in den Tagen der Gültigkeit dieses Transits besonders attraktiv auf das andere Geschlecht. Umgekehrt ist dies ein geeigneter Zeitpunkt, um dem Partner oder einem Menschen, der dies werden soll, seine Gefühle zu eröffnen.

Sie sollten aktiv auf Menschen, die Ihnen etwas bedeuten, zugehen und nicht abwarten, bis diese es bei Ihnen tun.

Falls Sie die Möglichkeit dazu haben, sollten Sie diesen Tag unbedingt dazu nutzen, um die angenehmen Seiten des Lebens zu genießen, indem Sie zum Beispiel gut essen gehen, ein Konzert oder das Theater besuchen. Wein und Champagner dürften Ihnen heute besonders schmecken und auch gut bekommen, vor allem wenn Sie ihn nicht alleine trinken.

Spannungsaspekt (Opposition und Quadrat) der Radix-Sonne mit der Transit-Venus

Entsprechen auch Spannungsaspekten zwischen dem laufenden Herrscher von Haus zwei oder sieben und dem Herrscher von Haus fünf

Dieser Transit gilt etwa für zwei Tage und wird nur selten dramatische Wirkungen zeitigen.

Möglicherweise ist er ein Hinweis darauf, dass Sie seelisch ein wenig aus dem Gleichgewicht sind. In Ausnahmefällen sind auch Stoffwechselstörungen oder gar Beeinträchtigungen der Nierenfunktion möglich. All diese Unannehmlichkeiten sind jedoch nach zwei Tagen wieder vergessen.

Vermutlich sind Sie seelisch angespannt und haben die Tendenz, andere für Dinge verantwortlich zu machen, die Sie ganz allein zu verantworten haben. Sie sollten sich deshalb darum bemühen, sich mit Ihrer Kritik an anderen noch einige Tage zurückzuhalten. Wenn Sie Ihre Meinung bis dahin nicht geändert haben, wird sie wohl auf mehr als nur einer Missstimmung beruhen.

Viele Menschen empfinden unter diesem Transit eine gesteigerte erotische Anspannung, die sich mit ein wenig Kreativität auf angenehme Weise lösen lässt.

Spannungsaspekt (Opposition und Quadrat) der Radix-Venus mit der Transit-Sonne

Entsprechen auch Spannungsaspekten zwischen dem laufenden Herrscher von Haus fünf und dem Herrscher von Haus zwei oder sieben

Dieser Transit gilt ebenfalls etwa für zwei Tage. Auseinandersetzungen mit Vorgesetzten oder anderen Autoritätspersonen sind jetzt keine gute Idee. Hier können sich unerwünschte Konsequenzen für Ihre Partnerschaft oder Ihre finanzielle Situation ergeben.

Vermeiden Sie alle Aktivitäten, die lediglich dem Ziel dienen, es jemand anderem »heimzuzahlen«. Allerdings sollten Sie auch nicht aus vermeintlicher Höflichkeit zuvorkommend und nett sein, wo eher förmliche Reserviertheit angebracht wäre. Erotische Angebote kommen bei diesem Aspekt des Öfteren vor, insbesondere wenn der Horoskopeigner weiblichen Geschlechts ist. Sie sollten sich genau überlegen, worauf Sie sich einlassen. Nur in Ausnahmefällen wird es sich um eine lohnende Erfahrung handeln. Ärgerliche Verwicklungen sind Ihnen dagegen so gut wie sicher.

Harmonische Aspekte (Trigon und Sextil) der Radix-Sonne mit der Transit-Venus

Entsprechen auch harmonischen Aspekten zwischen dem laufenden Herrscher von Haus zwei oder sieben und dem Herrscher von Haus fünf

Dieser Transit wird, wenn überhaupt, nur schwach spürbar sein. Seine Wirkung entspricht weniger der eines Vorgangs als der eines Zustandes. Vermutlich fühlen Sie sich wohl und sind mit sich und Ihrer Umwelt soweit im Reinen. So gibt es für Sie auch kaum eine Motivation, während der zweitägigen Dauer des Transits etwas an Ihrer Befindlichkeit verändern zu wollen. Falls es allerdings zwischenmenschliche Spannungen gibt, die sich auch jetzt nicht mildern, so sind diese ein Hinweis auf ernsthafte Schwierigkeiten, deren Lösung Sie keinesfalls auf die lange Bank schieben sollten.

Sie haben eine erhöhte Chance, in den Genuss kleiner Gefälligkeiten und Präsente zu kommen.

Harmonische Aspekte (Trigon und Sextil) der Radix-Venus mit der Transit-Sonne

Entsprechen auch harmonischen Aspekten zwischen dem laufenden Herrscher von Haus fünf und dem Herrscher von Haus zwei oder sieben

Wie alle Transite der laufenden Sonne gilt der Übergang über die harmonischen Aspekte der Radix-Venus etwa drei Tage und wiederholt sich viermal im Jahr jeweils zur gleichen Zeit.

Seine Wirkung ist nur selten besonders stark. Dennoch ist der Transit geeignet, sich etwas zu erwerben, was Sie schon lange in Ihren Besitz bringen wollten, wovor Sie bisher jedoch immer zurückschreckten. Hier kann es sich um den Erwerb einer Sache handeln, insbesondere Kleidung, Schmuck und Kosmetika. Eine andere Verwicklungsform wäre die Kontaktaufnahme oder Kontaktvertiefung zu einer Person, der Sie sich persönlich verbunden fühlen. Dies kann, muss aber keinesfalls erotischen Charakter haben.

Sonne-Mars-Transite

Prinzip: energisches Handeln

Konjunktion der Radix-Sonne mit dem Transit-Mars

Entspricht auch der Konjunktion des laufenden Herrschers von Haus eins mit dem Herrscher von Haus fünf

Falls keine gegenteiligen langfristigen Transite diesen Aspekt überlagern, werden Sie sich in diesen Tagen voller Energie fühlen. Es ist ausgesprochen wichtig, dass Sie aktiv werden und sich um die Durchsetzung und Befriedigung Ihrer Interessen bemühen. Eine sinnvolle Möglichkeit wäre es jetzt, die Arbeiten zu erledigen, die Sie bisher vor sich hergeschoben haben, weil Sie die Anstrengung scheuten. Wenn es einen Konflikt zu bewältigen gibt, dann tun Sie es jetzt, solange Sie noch die Kontrolle über die Situation gewinnen können.

Wenn Sie sich während der Gültigkeitsdauer des Marsübergangs, die bei etwa einer Woche liegt, lediglich passiv verhalten, besteht die Gefahr, dass Sie sich von etwas oder jemandem bedroht fühlen. Möglicherweise entwickeln Sie sogar Angstgefühle und fürchten, der Lage nicht gewachsen und hoffnungslos unterlegen zu sein. Nichts davon ist wahr, es sind lediglich Ihre eigenen angestauten Energien, die sich gegen Sie richten, weil Sie nichts dafür tun, um sie auszuleben.

Sexualität und Sport können in dieser Zeit besonders angenehm sein und einen positiven Einfluss auf Ihr Immunsystem haben.

Konjunktion des Radix-Mars mit der Transit-Sonne

Entspricht auch der Konjunktion des laufenden Herrschers von Haus fünf mit dem Herrscher von Haus eins

Wie bei allen Transiten der laufenden Sonne dauert auch dieser etwa drei Tage und wiederholt sich einmal jährlich zur gleichen Zeit. Der Sonnenübergang ist eine gute Gelegenheit, sich seiner instinktiven Bedürfnisse bewusst zu werden. Falls Sie zu wenig schlafen, sich falsch ernähren oder ansonsten Ihrem Körper chronisch schaden, so werden Sie dies jetzt spüren können. In schwereren Fällen kann sich das in Form von Schmerzen äußern, die Sie unmittelbar auf die Köperregion aufmerksam machen, die eine etwas liebevollere Behandlung benötigt.

In psychischer Hinsicht haben Sie die Möglichkeit, sich mit Situationen auseinanderzusetzen, in denen Sie sich rücksichtslos und egoistisch verhalten haben. Es ist sinnvoll, hier angemessene Veränderungen vorzunehmen, damit unberechtigte Aggressionen und Verletzungen nicht auf Sie zurückfallen und sich gegen Sie richten.

Es ist kein günstiger Tag, um besondere körperliche Risiken einzugehen. Auch die Zusammenarbeit mit anderen klappt sonst besser. Doch es handelt sich um eine ausgesprochen günstige Gelegenheit, um herauszufinden, in welchen Bereichen Sie mit sich und anderen ein wenig behutsamer umgehen sollten.

Spannungsaspekte (Opposition und Quadrat) der Radix-Sonne mit dem Transit-Mars

Entsprechen auch Spannungsaspekten des laufenden Herrschers von Haus eins mit dem Herrscher von Haus fünf

Die Gültigkeit dieses Transits beträgt zirka eine Woche. Wenn der Mars die Sonne in einem Spannungsaspekt überläuft, symbolisiert dies meistens eine Zeit innerer und äußerer Anspannung, die den Nativen um seinen Seelenfrieden bringt. Vermutlich werden Sie mit Auseinandersetzungen und Streit konfrontiert, und es gibt wenig, was Sie tun können, außer sich der Situation zu stellen. Rechnen Sie damit, dass sich Ihr Gegenüber anders verhält, als Sie dies erwarten, und dass Angriffe und Kritik aus einer Richtung kommen, mit der Sie nicht unbedingt gerechnet haben. Sie sollten genau darauf achten, was lediglich ein Spiegel Ihrer inneren Gereiztheit ist und was tatsächlich von außen auf Sie zukommt.

In Ihrer momentanen Situation ist dies nicht einfach, da Sie sich in vielen Situationen für andere aggressiv und provokativ verhalten, obwohl Sie meinen, vollkommen friedfertig zu sein. Sie sind mit Ihrer inneren Anspannung so identifiziert, dass Sie nur schwer feststellen können, auf welch teilweisen subtilen Wegen sich diese auf Ihre Umgebung überträgt. Bei Konflikten, an deren Zustandekommen Sie bei gewissenhafter Prüfung doch einen eigenen Anteil erkennen, sollten Sie unbedingt Ihre Fehler zugeben und anbieten, die Angelegenheit wieder in Ordnung zu bringen. Darüber hinausgehende Forderungen sollten Sie allerdings mit aller gebotenen Schärfe von sich weisen. Wenn Sie angegriffen oder für Dinge kritisiert werden, an denen Sie nach Ihrer festen Überzeugung unschuldig sind, ist eine deutliche und angemessene Verteidigung notwendig, wenn Sie größeren Schaden von sich abwenden wollen. Allerdings liegt die größte Gefahr dieses Transits in cholerischen oder aggressiven Überreaktionen. Es ist deshalb von ganz besonderer Wichtigkeit, dass Sie auch in der hitzigsten Auseinandersetzung einen kühlen Kopf bewahren.

Sportliche Betätigung und gefährliche körperliche Arbeiten sind für Sie eventuell riskanter als sonst, da der Transit bei manchen Menschen zu einer erhöhten Unfallgefährdung führt. Ein wenig Vorsicht kann hier also nicht schaden.

Spannungsaspekte (Opposition und Quadrat) des Radix-Mars mit der Transit-Sonne

Entsprechen auch Spannungsaspekten des laufenden Herrschers von Haus fünf mit dem Herrscher von Haus eins

Wie alle Transite der Sonne, so dauert auch dieser Übergang nur zirka drei Tage. Er wiederholt sich jedes Jahr zur gleichen Zeit. Möglicherweise fühlen Sie sich in diesen Tagen überreizt und kraftlos. Es wird Ihnen schwerfallen, sich angemessen zu aktivieren, und so ist es keine günstige Gelegenheit für körperliche oder geistige Höchstleistungen. Sie haben die Tendenz, außergewöhnlich unangemessen und überzogen zu reagieren. Sie sollten daher vermeiden, sich von jemandem zu Handlungen oder Äußerungen hinreißen zu lassen, die Sie später bereuen könnten.

Harmonische Aspekte (Trigon und Sextil) der Radix-Sonne mit dem Transit-Mars

Entsprechen auch harmonischen Aspekten des laufenden Herrschers von Haus eins mit dem Herrscher von Haus fünf

Die harmonischen Aspektübergänge des Mars zur Sonne sind normalerweise ein Zeichen gesteigerter Vitalität, Gesundheit und Lebensfreude. Sie haben das Gefühl, alle Herausforderungen in Ihrem Leben angemessen bewältigen zu können. So ist ein ausgeglichenes Selbstbewusstsein vorhanden, das sich nicht in Auseinandersetzungen, Streitereien oder aufreibenden Konkurrenzkämpfen beweisen muss.

Sie haben gute Chancen, in den Genuss der Früchte früherer

Anstrengungen zu kommen, so dass Sie in beruflicher und privater Hinsicht erfolgreich sind, ohne sich dafür nennenswert anstrengen zu müssen.

Harmonische Aspekte (Trigon und Sextil) des Radix-Mars mit der Transit-Sonne

Entsprechen auch harmonischen Aspekten des laufenden Herrschers von Haus fünf mit dem Herrscher von Haus eins

Auch dieser Sonnentransit dauert etwa drei Tage an und wiederholt sich jedes Jahr um die gleiche Zeit.

Besonders wohltuend wirkt er sich aus, wenn Sie eine Zeit hinter sich haben, in der Sie an sich selbst und Ihren Fähigkeiten zweifelten. In größerem Maße als sonst können Sie sich jetzt Ihrer Fähigkeiten bewusst werden. Ohne andere zurückzusetzen, haben Sie eine gesteigerte, aber realistische Wahrnehmungsfähigkeit für Ihre Stärken und bisherigen Leistungen. So könnten diese Tage zum Beispiel geeignet sein, eine Gehaltserhöhung einzufordern, denn Sie wissen jetzt besser als sonst, warum Sie nicht nur mehr Geld brauchen, sondern auch mehr Geld wert sind.

Falls Sie zu Minderwertigkeitsempfindungen neigen, können Sie sich Ihre Selbstsicht unter dem Einfluss dieses Transits aufschreiben. Wenn in Zukunft übertriebene Zweifel an Ihnen nagen, wollen Sie diese Notizen vielleicht noch einmal durchlesen. So können Sie Ihre überzogene Selbstkritik korrigieren. Sie haben ein verfeinertes Verständnis dafür, was Ihr Körper benötigt, um sich selbst und Ihre Psyche leistungsfähig zu erhalten. Diese Einsichten sollten Sie beherzigen.

Prinzip: expansives Handeln

Konjunktion der Radix-Sonne mit dem Transit-Jupiter

Entspricht auch der Konjunktion des laufenden Herrschers von Haus neun mit dem Herrscher von Haus fünf

Dieser Transit führt fast mit Sicherheit zu einer immensen Erweiterung Ihrer Möglichkeiten. Wahrscheinlich werden Sie im Geschäftsbereich expandieren, oder Sie erhalten eine Beförderung. Falls keine anderen Konstellationen dem im Wege stehen, werden Sie in finanzieller Hinsicht angenehme Zuwächse zu verzeichnen haben.

Hindernisse, die Sie bisher an der Verwirklichung bestimmter Projekte hinderten, sind nun aus dem Weg geräumt. Sie fühlen sich voller Energie und Schaffensdrang. Ihr Leben empfinden Sie als zutiefst sinnvoll, auch dies trägt zu Stärke und Selbstwert bei.

Für Detailfragen ist jetzt nicht die richtige Zeit, es gilt die große Linie im Auge zu behalten und nach vorn zu blicken.

Allerdings ist hier ebenso darauf zu achten, dass Maßlosigkeit vermieden wird. Auch wenn der Transit Wochen bis Monate andauern kann, so findet diese angenehme Expansionsphase doch einmal ein Ende. Wenn zu viele Projekte auf den Weg gebracht wurden, kann dies schnell zu einer nicht mehr bewältigbaren Überforderung führen. Dann müssen erfolgversprechende Pläne aufgegeben werden, Verluste sind die Folge. Werden allzu große Übertreibungen vermieden, kann von einer ausgesprochen fruchtbaren, produktiven und vor allen Dingen angenehmen Zeit ausgegangen werden.

Konjunktion des Radix-Jupiter mit der Transit-Sonne

Entspricht auch der Konjunktion des laufenden Herrschers von Haus fünf mit dem Herrscher von Haus neun

Dieser Transit gilt für etwa drei Tage und wiederholt sich jedes Jahr zur gleichen Zeit.

Wenn die Wirkung auch nur kurzfristig ist, so wird sie doch als ausgesprochen angenehm empfunden. Dinge, die Sie sonst bedrücken und Ihr Selbstwertgefühl einschränken, sind heute nicht spürbar. Wenn Sie jetzt Projekte beginnen, die sich erst mittel- oder langfristig auszahlen, werden Sie erfolgreich sein.

Im besten Sinne des Wortes sind Sie sich Ihrer Bedeutsamkeit bewusst, Sie werden deshalb angemessen handeln und Ergebnisse erzielen, die zu Ihrem Wohlbefinden und dem ihrer Familie beitragen. Möglicherweise erhalten Sie finanzielle Zuwendungen oder andere Vorteile, die jedoch weniger ein glücklicher Zufall als die positive Folge früherer Handlungen sind.

Spannungsaspekte (Opposition und Quadrat) der Radix-Sonne mit dem Transit-Jupiter

Entsprechen auch Spannungsaspekten des laufenden Herrschers von Haus neun mit dem Herrscher von Haus fünf

Wahrscheinlich sind Sie in dieser Phase ein wenig angespannt und fühlen sich permanent wie unmittelbar vor einem wichtigen Durchbruch, der aber immer wieder auf sich warten lässt. Vielleicht sind Sie durch zu viel Arbeit überlastet oder haben im familiären Bereich Stress. Auch wenn dies nicht direkt spürbar ist, so bietet dieser Transit doch die Chance zu besonderen Erfolgen, die allerdings durch intensive Anstrengungen erkämpft werden müssen.

Am besten können Sie den Jupiterübergang nutzen, wenn Sie sich bei allem, was Sie tun, nach dem dahinter stehenden Sinn fragen. Dies gibt Ihnen die Chance, zu erkennen, dass vieles, was Sie seit Langem eher gedankenlos und ohne Freude taten, in Wahrheit wichtig und bedeutsam ist. Nichts kann in dieser Zeit Ihre Motivation stärker fördern als solche Einsichten. Versuchen Sie über den Tag hinaus zu denken und zu planen, Sie werden sich wohler fühlen und erfolgreich sein.

Spannungsaspekte (Opposition und Quadrat) des Radix-Jupiter mit der Transit-Sonne

Entsprechen auch Spannungsaspekten des laufenden Herrschers von Haus fünf mit dem Herrscher von Haus neun

Dies ist ein Tag, an dem Ihr Wohlbefinden vermutlich ein wenig eingeschränkt ist und Sie unter Selbstzweifeln leiden. Da Ihnen bewusst ist, dass Sie während der Gültigkeit des Transits den Rahmen Ihrer Möglichkeiten nicht angemessen füllen können, mögen Sie sogar kurzfristig Minderwertigkeitsgefühle haben. Sie sollten sich um die Bewältigung der aktuellen Tagesprobleme bemühen und keine langfristigen Entscheidungen treffen. Dies ist eine gute Gelegenheit, sich darüber bewusst zu werden, welch große Bedeutung die Unterstützung durch Freunde und Bekannte für Sie hat. Die Erkenntnis, wie viele Menschen zu Ihnen halten und Sie unterstützen, wird Ihnen helfen, diese kleine Krise schnell und konstruktiv zu überwinden.

Harmonische Aspekte (Trigon und Sextil) der Radix-Sonne mit dem Transit-Jupiter

Entsprechen auch harmonischen Aspekten des laufenden Herrschers von Haus neun mit dem Herrscher von Haus fünf

Dies ist eine Zeit, in der Sie sich mit sich selbst und Ihrer Umgebung im Einklang fühlen. Obwohl Sie über viel Energie verfügen, haben Sie doch wenig Verlangen, aktiv zu werden. Sie genießen es mehr, sich zu erholen, zumal sich die Dinge auch ohne Ihren Einsatz positiv entwickeln.

Vermutlich haben Sie jetzt Gelegenheit, die Früchte früherer Anstrengungen zu genießen.

Harmonische Aspekte (Trigon und Sextil) des Radix-Jupiter mit der Transit-Sonne

Entsprechen auch harmonischen Aspekten des laufenden Herrschers von Haus fünf mit dem Herrscher von Haus neun

Dieser Transit gilt für die Dauer von drei Tagen. In dieser Zeit haben Sie die besondere Chance, sich einen Überblick über die Erweiterung Ihrer Möglichkeiten zu verschaffen und entsprechende Pläne auf den Weg zu bringen. Sie können aktiv Schritte unternehmen, um zum Beispiel eine Reise zu planen oder eine Fremdsprache zu erlernen.

Leichter als zu anderen Zeiten können Sie erkennen, was Ihnen noch zur Vervollständigung Ihrer Persönlichkeitsentwicklung fehlt und was Sie tun müssen, um dies zu erreichen.

Dieser Transit ist eine günstige Gelegenheit, um eine Party im Freundeskreis zu feiern.

Sonne-Saturn-Transite

Prinzip: strukturiertes Handeln

Konjunktion der Radix-Sonne mit dem Transit-Saturn

Entspricht auch der Konjunktion zwischen dem laufenden Herrscher von Haus zehn und dem Herrscher von Haus fünf

In dieser Lebensphase geht nichts schnell vorwärts, falls doch, so wird es kaum etwas Gutes sein. Die Monate, die der Saturn im Orbis der Radix-Sonne verbringt, sind geeignet für alle Unternehmungen, die Ausdauer, Zähigkeit und Bestand verlangen.

Oft wird der Saturn auf der Radix-Sonne rückläufig und überquert diese damit bis zu dreimal. Wo dies der Fall ist, kann darauf geschlossen werden, dass sich beim ersten Übergang neue Perspektiven und langfristige Ziele ergeben. Beim zweiten Übergang mögen unerwartete Hindernisse auftauchen oder vorhandene Probleme sich als schwerwiegender erweisen als ursprünglich angenommen. Beim dritten Übergang sind die Schwierigkeiten in der Regel überwunden.

Saturnübergänge lehren uns, uns auf das Wesentliche zu konzentrieren, für Überflüssiges und Luxus ist kein Raum. Wer Verzichtbares nicht freiwillig aufgeben kann, dem wird es in solchen Phasen genommen. Natürlich wird der eine Fall anders und vor allem schmerzhafter erlebt als der andere.

Konjunktion des Radix-Saturn mit der Transit-Sonne

Entspricht auch der Konjunktion zwischen dem laufenden Herrscher von Haus fünf und dem Herrscher von Haus zehn

Dieser Transit gilt für drei Tage und wiederholt sich jedes Jahr zur gleichen Zeit. Wie allen Übergängen der laufenden Sonne kommt ihm deshalb keine allzu große Bedeutung zu.

Die Entsprechungen reichen hier von gebremster Aktivität über Todesfälle im Bekannten- und Verwandtenkreis (selten) bis hin zu ernsthaften Sinnkrisen, in denen versucht wird, die wirklich wichtigen und bedeutsamen Dinge aus seinem Leben herauszudestillieren.

Dies ist ein günstiger Tag, um sich darüber bewusst zu werden, auf welcher Basis die eigene Existenz begründet ist. Möglicherweise werden Sie sich dabei über einige überflüssige Dinge klar, von denen Sie sich verabschieden sollten, da sie Ihr Leben nur belasten.

Sie können am meisten von dieser Konstellation profitieren, indem Sie sich zurückziehen und sich ein oder zwei Tage auf sich selbst konzentrieren.

Spannungsaspekte (Opposition und Quadrat) der Radix-Sonne mit dem Transit-Saturn

Entsprechen auch Spannungsaspekten zwischen dem laufenden Herrscher von Haus zehn und dem Herrscher von Haus fünf

In solchen Monaten werden Sie mit den Schwächen der eigenen Persönlichkeit, die Sie am Erreichen weitgesteckter Ziele hindern, konfrontiert. Mit einer gewissen Wahrscheinlichkeit werden Sie sich in diesen Wochen sehr stark zwischen Ihren Pflichten und privaten Interessen hin und her gerissen fühlen. Ein Beispiel hierfür wäre ein Mensch, der sich frisch verliebt hat und gerne so viel Zeit wie irgend möglich mit seinem neuen Partner verbringen möchte, während er beruflich unter Hochdruck steht und seine Freizeit opfern müsste, um feste Termine einhalten zu können.

Wenn Sie von diesem Transit profitieren wollen, sollten Sie unbedingt versuchen, all Ihre kreative Energie in die Überwindung des jetzt herrschenden Drucks zu investieren. Falls Sie entscheidende Fehler machen, zum Beispiel indem Sie die Situation nicht ernst genug nehmen, drohen Ihnen Sanktionen, die Sie in eine unangenehme Isolation treiben könnten, aus der Sie sich nur noch schwer zu befreien vermögen. Sie sollten deshalb die bestehenden Begrenzungen und Einengungen als Tatsachen akzeptieren. Wenn Sie ausdauernd, konzentriert und geduldig vorgehen, werden Sie Möglichkeiten finden, wie Sie diese Einschränkungen hinter sich lassen können. Die große Anstrengung wird Ihr Selbstwertgefühl stärken.

Durch die Überwindung alter Schwierigkeiten wird Ihr Leben auf ein völlig neues Fundament gestellt. Neben einem angenehmen Zuwachs an Autorität und Kompetenz (beispielsweise Abschluss einer Prüfung, Erwerb eines Titels) steht Ihnen ein größerer Handlungsspielraum zur Verfügung.

Spannungsaspekte (Opposition und Quadrat) des Radix-Saturn mit der Transit-Sonne

Entsprechen auch Spannungsaspekten zwischen dem laufenden Herrscher von Haus fünf und dem Herrscher von Haus zehn

Der Übergang der Sonne über die Aspektstellen Saturns dauert jeweils zirka drei Tage und wiederholt sich jedes Jahr zur gleichen Zeit.

Vermutlich fühlen Sie sich ein wenig eingeengt und bedrückt. Für Spontaneität oder den Beginn neuer Projekte wird sich kaum eine Gelegenheit finden. Sie können diese Tage für die Begleichung alter Schulden nutzen. Leichter als bei anderen Konstellationen werden Sie sich darüber bewusst, was Ihren weiteren Fortschritten im persönlichen, finanziellen, beruflichen und spirituellen Bereich im Wege steht. Sind die Ursachen erst einmal bekannt, ist auch ihre Beseitigung möglich, mit der Sie am besten sofort beginnen.

Kleine Verpflichtungen wie zum Beispiel das Beantworten von Briefen, die Rückgabe von ausgeliehenen Büchern oder auch die Zahlung offener Rechnungen sollten Sie in diesen Tagen hinter sich bringen. Dies hat eine wohltuende und erleichternde Wirkung.

Am produktivsten verbringen Sie diese Zeit, indem Sie sich für ein, zwei Tage zurückziehen und so wenig wie möglich sprechen. Wenn Sie die genannten Ratschläge befolgen, werden Sie von diesem Transit profitieren. Ihre Vitalkräfte werden gestärkt, Ihr Charakter gefestigt und Ihr Konzentrationsvermögen erhöht sein.

Harmonische Aspekte (Trigon und Sextil) der Radix-Sonne mit dem Transit-Saturn

Entsprechen auch harmonischen Aspekten zwischen dem laufenden Herrscher von Haus zehn und dem Herrscher von Haus fünf

Dieser Transit ist in seinen Auswirkungen angenehm, besonders ereignisreich ist er in der Regel nicht. Eine Verfestigung bisher noch unbestimmter oder instabiler positiver Tendenzen wird bemerkbar sein. So kann zum Beispiel ein befristetes Arbeitsverhältnis in ein unbefristetes umgewandelt werden. Vertragsabschlüsse, die in der Schwebe waren, kommen nun zustande und ähnliche Dinge mehr.

Das Besondere dieser Konstellation ist das Zusammengehen von Kreativität und Struktur. Das heißt, je mehr es Ihnen gelingt, den Rahmen, in dem Sie sich in beruflicher und sozialer Hinsicht bewegen, zu verstehen und damit zu beherrschen, umso größere persönliche Entfaltungsmöglichkeiten tun sich Ihnen auf.

Harmonische Aspekte (Trigon und Sextil) des Radix-Saturn mit der Transit-Sonne

Entsprechen auch harmonischen Aspekten zwischen dem laufenden Herrscher von Haus fünf und dem Herrscher von Haus zehn

Die Wirkung dieses drei Tage gültigen Transits ist recht schwach. Sie entspricht gesteigertem Konzentrationsvermögen und einer erhöhten Konsequenz. Durch ruhiges und korrektes Auftreten sind kleinere Erfolge im privaten und beruflichen Bereich möglich.

Sie können stärker als sonst die Vorzüge der sozialen und gesellschaftlichen Spielregeln erkennen, nach denen Sie Ihr Leben ausrichten. So können Sie formelle und soziale Kriterien zu Ihrem Vorteil nutzen.

Sonne-Uranus-Transite

Prinzip: exzentrisches Handeln

Konjunktion der Radix-Sonne mit dem Transit-Uranus

Entspricht auch der Konjunktion zwischen dem laufenden Herrscher von Haus elf und dem Herrscher von Haus fünf

Dieser Transit dauert oft Monate an und bringt tief greifende Lebensveränderungen mit sich, die sich meist ohne irgendwelche Vorzeichen einstellen.

Eine passive und eine aktive Verwirklichung sind möglich. Im ersten Fall sorgen äußere Anlässe für eine Erschütterung Ihres bisherigen Lebensmittelpunktes. Dies mag ein Unfall, eine Partnerschaftskrise oder auch ein wesentlich weniger dramatisches Ereignis sein, das Ergebnis ist in allen Fällen gleich: Die bisherige Lebensführung wird vollständig infrage gestellt. Im zweiten Fall kommt der Auslöser nicht von außen, sondern Sie selbst bringen das scheinbar stabile Gebäude Ihrer bisherigen Lebenssituation zum Einsturz, indem Sie vielleicht plötzlich kündigen, Ihren Partner verlassen oder auf eine andere Weise aus gewohnten Bahnen ausbrechen. In der weiteren Entwicklung macht es kaum einen Unterschied, ob der Uranustransit von Ihnen selbst oder von außen ausgelöst wurde.

Verpflichtungen, die Sie noch nie mochten, aber für notwendig oder doch wenigstens unumgänglich hielten, werden mit einem Mal so unerträglich, dass Sie sie ohne Rücksicht auf die Konsequenzen aufgeben.

Alles, was am bisherigen Leben falsch, inkonsequent oder auch nur allzu selbstverständlich war, wird radikal hinterfragt. Jahrzehntealte Lebensgewohnheiten können so von einem Tag auf den anderen fallen gelassen werden. Diese plötzlichen Verhaltensänderungen sind für Freunde, Partner und Angehörige irritierend bis erschreckend. Ein Mensch, den Sie gut zu kennen glaubten, verhält sich auf eine Weise, wie Sie es noch nie an ihm erlebt haben. Es wird Leute geben, die sogar an Ihrem Verstand zweifeln. In gewisser Weise kommen nun alle Persönlichkeitsanteile zum Vorschein, die ein Leben lang so unterdrückt waren, dass kaum jemand überhaupt von ihrer Existenz wusste. Da auf der anderen Seite fast alle bekannten Wesenszüge zumindest zeitweilig abgelegt werden, ist die Persönlichkeitsveränderung für die Umwelt verständlicherweise nur schwer zu akzeptieren. Auch Sie selbst werden sich erst einmal an die Veränderungen in Ihrer Psyche gewöhnen müssen und sich vielleicht gelegentlich im eigenen Körper ein wenig fremd fühlen. Schließlich kennen Sie den »neuen« Menschen, der Sie plötzlich geworden sind, kaum besser als Ihre Umgebung. Gleichzeitig werden

Sie jedoch ausnehmend die Befreiung von Fesseln genießen, von denen Sie vielleicht bis jetzt noch nicht einmal wussten, dass Sie sie haben. Diese plötzliche Unabhängigkeit kann ein völlig neues Selbstwertgefühl verleihen, aber auch Angst machen.

Es besteht die Chance und Aufgabe, wirkliche Individualität und Unabhängigkeit zu lernen. Wir werden allein geboren und wir sterben allein. So sind wir auch für unser ganzes Tun verantwortlich, auch wenn wir dies in manchen Fällen nur allzu gern anderen in die Schuhe schieben wollen. Wer jedoch die Verantwortung für seine Handlungen übernehmen kann, vermag sich auch mehr Freiheiten zu erlauben.

Konjunktion des Radix-Saturn mit der Transit-Sonne

Entspricht auch der Konjunktion zwischen dem laufenden Herrscher von Haus fünf und dem Herrscher von Haus elf

Der Transit dauert etwa drei Tage an. In dieser Zeit haben Sie die Neigung, aus gewohnten Bahnen auszubrechen. Vielleicht machen Sie spontan etwas, das Sie schon lange machen wollten, das sich jedoch nie mit Ihrer sonstigen Lebensführung vertrug.

Für Experimente und neue Ideen sind Sie jetzt in besonderem Maße aufgeschlossen. So begrüßenswert wie diese Neigung auch ist, Sie sollten doch aufpassen, dass Sie sich in Ihrer plötzlichen Begeisterungsfähigkeit nicht auf innovative Konzepte stürzen, die sich dann nur zu schnell als Schnapsideen erweisen.

Spannungsaspekte (Opposition und Quadrat) zwischen der Radix-Sonne und dem Transit-Uranus

Entsprechen auch Spannungsaspekten zwischen dem laufenden Herrscher von Haus elf und dem Herrscher von Haus fünf

Bei diesem lang anhaltenden Transit müssen Sie damit rechnen, dass unerwartete Veränderungen auf Sie zukommen, die Ihr Leben gründlich verändern.

Frühere Fehlentscheidungen und mangelnde Konsequenz können sich jetzt mit Zins und Zinseszins rächen. So müssen Sie mit Angriffen von außen rechnen, die Sie völlig aus der Bahn werfen könnten. Falls tatsächlich derartig gravierende Fehler zu korrigieren sind, werden Sie heftig kämpfen müssen, um wieder zu sich selbst zu finden. Der größte Fehler wäre allerdings der untaugliche Versuch, sich um eine Lösung der Probleme herum zu drücken. Dies kann nicht funktionieren, da Sie viel zu eindeutig konfrontiert werden. Selbst wenn es Ihnen gelänge, anstehende Korrekturen auf die lange Bank zu schieben, so hätte dies nur zur Folge, dass die Rechnung zu einem späteren Zeitpunkt noch wesentlich höher ausfiele. Falls Sie jedoch bereits in der Vergangenheit Vorbereitungen getroffen haben, sich aus einer eingeschränkten und beengten Lebenssituation zu befreien, so ist unter diesem Transit eine regelrechte Hochphase möglich. Auf einmal sind alle Schwierigkeiten aus dem Weg geräumt und Sie können sich frei entfalten wie nie zuvor. Hier ist es allerdings wichtig, dass Sie jede Überheblichkeit vermeiden. Sie sollten sich darüber freuen, dass Sie endlich auch einmal am Drücker sind, jedoch auf keinen Fall auf diejenigen herabblicken, die sich in einer weniger glücklichen Lage befinden. Vergessen Sie nicht, dass Sie selbst bis vor ganz Kurzem in der gleichen Situation waren.

Spannungsaspekte (Opposition und Quadrat) zwischen dem Radix-Uranus und der Transit-Sonne

Entsprechen auch Spannungsaspekten zwischen dem laufenden Herrscher von Haus fünf und dem Herrscher von Haus elf

Während diesem drei Tage dauernden Transit sind Sie leichter aus dem Gleichgewicht zu bringen als sonst. In beruflicher Hinsicht sollten Sie deshalb neuen und unvertrauten Situationen aus dem Wege gehen, da Ihre Adaptionsfähigkeit nicht so gut ist wie sonst.

Vermutlich sind Sie unkonzentriert und überreizt. Sie sollten deshalb im Umgang mit anderen besondere Vorsicht walten lassen.

Falls Sie die Möglichkeit dazu haben, wäre es eine gute Idee, sich zwei Tage freizunehmen und sich in einer ruhigen Umgebung an der frischen Luft aufzuhalten. Dies kann ausgesprochen inspirierend sein und Ihnen helfen, kreative Ideen zu entwickeln, die Ihnen in der nächsten Zeit sehr nützlich werden können.

Falls Sie diese Möglichkeit nicht haben, sollten Sie Mitarbeitern und Kollegen aus dem Weg gehen. Ihre gesteigerte innere Unruhe können Sie am besten mit viel gleichmäßiger Bewegung in den Griff bekommen. Kaffee und andere Stimulanzien sollten Sie für einige Tage meiden.

Harmonische Aspekte (Trigon und Sextil) der Radix-Sonne mit dem Transit-Uranus

Entsprechen auch harmonischen Aspekten zwischen dem laufenden Herrscher von Haus elf und dem Herrscher von Haus fünf

In diesen Monaten ernten Sie die Früchte früherer Anstrengungen, indem Sie ein ausgesprochen angenehmes Gleichgewicht zwischen gesellschaftlichen Möglichkeiten und persönlichem Freiraum genießen können. In beruflicher oder sozialer Hinsicht werden Sie sich eine Position erarbeitet haben, die Ihren Neigungen entspricht und Ihnen einen Status verschafft, mit dem Sie sich wohlfühlen können. Wenn es Ihnen bis jetzt noch nicht gelungen ist, die gesellschaftliche und berufliche Position zu erreichen, die Sie sich wünschen, so treffen Sie unter diesem Transit die in Relation zu Ihrer momentanen Position günstigsten Bedingungen an.

Insgesamt ist Ihre Position so gefestigt, dass Sie sich auch risikolos einige Experimente erlauben können.

Harmonische Aspekte (Trigon und Sextil) des Radix-Uranus mit der Transit-Sonne

Entsprechen auch harmonischen Aspekten zwischen dem laufenden Herrscher von Haus fünf und dem Herrscher von Haus elf

Dieser Transit ist nur wenig bedeutsam. Sie werden vermutlich einige originelle Gedanken haben und in Ihrem Verhalten angenehm auffallen. Ihre individuellen Fähigkeiten werden stärker zur Kenntnis genommen und entsprechend honoriert. Ihr Selbstbewusstsein ist unter dieser Konstellation im Allgemeinen gut, Sie haben das Gefühl, alles, was Ihnen wichtig ist, auch erreichen zu können. Verpflichtungen und anderes Einengendes wird in diesen Tagen weniger stark als sonst empfunden. Möglicherweise haben Sie die Lust und die Möglichkeit, sich einige kleinere Wünsche zu erfüllen.

Sonne-Neptun-Transite

Prinzip: undurchschaubares Verhalten

Konjunktion der Radix-Sonne mit dem Transit-Neptun

Entspricht auch der Konjunktion des laufenden Herrschers von Haus zwölf mit dem Herrscher von Haus fünf

Dieser Transit ist besonders vorteilhaft für alle, die sich in irgendeiner Weise künstlerisch betätigen. Wenn Sie auf die richtige Inspiration gewartet haben - hier ist sie. Der Übergang Neptuns über die Position der Radix-Sonne scheint bei entsprechend veranlagten Menschen einen direkten Zugang zum kollektiven Unbewussten zu ermöglichen. Das heißt, sie können alle aktuellen Stimmungen und Zeitströmungen direkt »anzapfen« und bei kreativer, künstlerischer Arbeit nutzbar machen.

Doch auch für weniger musisch veranlagte Menschen wirkt sich dieser Transit meist vorteilhaft aus. Vor allem in beruflicher

Hinsicht werden sie, sofern geeignete Vorarbeiten geleistet wurden, besondere Erfolge verzeichnen können. In vielen Fällen deutet der Neptunübergang sogar den Höhepunkt der Karriere an. Hier wird oft ein Durchbruch erreicht, der sämtliche Bemühungen und Leistungen, die in der Vergangenheit erbracht wurden, mit einem Schlag zur gesellschaftlichen Anerkennung führt. Wie bei allen Neptuntransiten besteht auch hier die Gefahr, sich selbst zu überschätzen und sich maßlosen Illusionen hinzugeben. Insbesondere beim Umgang mit Alkohol und anderen Genussmitteln, aber auch bei Medikamenten ist hier besondere Zurückhaltung angezeigt.

Konjunktion des Radix-Neptun mit der Transit-Sonne

Entspricht auch der Konjunktion des laufenden Herrschers von Haus fünf mit dem Herrscher von Haus zwölf

Wie alle Transite zur Radix-Sonne, so ist auch dieser Aspekt nur selten von besonders intensiver Wirkung. Seine Dauer beträgt etwa drei Tage. Der Transit wiederholt sich jedes Jahr um die gleiche Zeit.

Dieser Tag kann gleichermaßen auf eine gesteigerte Sensibilität und Intuition wie auch auf Handlungslähmung und Realitätsferne hindeuten. Sie sollten sich nicht allzu sehr auf praktische Aufgaben konzentrieren, da die Tendenz, hier etwas Wichtiges zu übersehen und Fehler zu machen, deutlich erhöht ist. Erfolgversprechend könnte hingegen der Versuch sein, ungelöste Probleme einmal von einem völlig neuen Blickwinkel aus zu betrachten und hierbei durchaus auch philosophische und spirituelle Gesichtspunkte mit einzubeziehen. Möglicherweise werden Sie nicht unmittelbar einen praktischen Nutzen erkennen können, dennoch werden Ihre Überlegungen mit hoher Wahrscheinlichkeit mittelfristig zu einer angenehmeren Bewältigung Ihres Alltags beitragen.

Spannungsaspekte (Opposition und Quadrat) der Radix-Sonne mit dem Transit-Neptun

Entspricht auch Spannungsaspekten zwischen dem laufenden Herrscher von Haus zwölf und dem Herrscher von Haus fünf

Der Transit hat für einen Zeitraum von etwa vier Jahren Gültigkeit. In dieser Lebensphase werden in gewisser Hinsicht Ihre besten und Ihre schlechtesten Charaktereigenschaften an die Oberfläche gebracht. Das heißt, die allgemein schwächende Wirkung des Transits, was die physische Robustheit angeht, löst bis zu einem gewissen Grad unsere alltägliche Fassade auf und bringt unser wahres Ich zum Vorschein.

Jede Form von Selbstbetrug, mit der wir uns in der Vergangenheit das Leben ein wenig erleichtern wollten, rächt sich nun und führt sich selbst ad absurdum. Menschen, die sich zum Beispiel einbildeten, dass ihr Partner nur ein lästiges Anhängsel sei, an dem sie quasi nur aus Mitleid festhalten, können unter diesem Aspekt die Erfahrung machen, dass sie von ebendiesem Partner verlassen werden. Erst nach der Trennung wird ihnen bewusst, wie wichtig die Beziehung in ihrem Leben war. Andere, die meinten, mit Alkohol, Drogen oder Tabletten souverän umgehen zu können, erleben möglicherweise physische und psychische Zusammenbrüche, die ihnen ihre Grenzen nur allzu deutlich aufzeigen.

Das heißt, dieser Transit ist offensichtlich dazu da, um uns ein wenig Demut zu lehren und unsere Selbstüberschätzung auf ein gesundes Maß zurechtzustutzen. Wenn wir bereit sind, diese Lektion zu akzeptieren, kann sich der Neptunübergang als wahrer Segen erweisen. Wir können den Konsum von Genussgiften aufgeben oder zumindest erheblich reduzieren, wir lernen, liebevoller mit den Menschen umzugehen, die uns etwas bedeuten, wir trennen uns von unrealistischen Illusionen. Wir werden also gesünder und bringen unsere zwischenmenschlichen Beziehungen in Ordnung. Gelingt dies, so können sich auch erfreuliche Wirkungen in beruflicher Hinsicht und in Bezug auf unseren gesellschaftlichen Status ergeben. Möglicherweise kommt ein bisher wirksamer Karriereknick zu einem Ende, Sie erhalten Anerkennung für Leistungen, die vorher nicht ausreichend beachtet wurden. Eventuell betätigen Sie sich auch in einem völlig neuen Aufgabenbereich, der Ihnen wesentlich mehr Befriedigung verschafft als Ihre vorherige Tätigkeit.

Spannungsaspekte (Opposition und Quadrat) des Radix-Neptun mit der Transit-Sonne

Entsprechen auch Spannungsaspekten zwischen dem laufenden Herrscher von Haus fünf und dem Herrscher von Haus zwölf

In diesen Tagen haben Sie vielleicht eine erhöhte Infektionsneigung, so dass Sie besonders körperlichen Belastungen so weit wie möglich aus dem Weg gehen sollten. Auf Ihr ansonsten gutes Fingerspitzengefühl können Sie sich jetzt nicht verlassen, dies ist kein guter Zeitpunkt für intuitive Entscheidungen. Wenn Sie unvorsichtig handeln, ziehen Sie sich möglicherweise die Feindschaft von jemandem zu, der Ihnen ernsthaft schaden kann. Dieser Umstand ist insofern fatal, als Ihnen keiner mitteilen wird, wen Sie mit unbedachten Handlungen oder Äußerungen verletzt haben könnten. Drei oder sechs Monate später werden Ihnen dann wahrscheinlich von einer Seite Steine in den Weg gelegt, von der Sie es nie erwartet hätten.

Jetzt ist eine gute Gelegenheit, darüber nachzudenken, wann, wo und zu wem Sie in Ihrem Leben unnötig unaufrichtig waren. Wenn Sie versuchen, diese Fehler in Ordnung zu bringen, ohne dass Sie dabei alte Wunden wieder aufreißen, dann wird sich der Transit sehr zu Ihrem Vorteil auswirken. Spätestens in einem Jahr, wenn sich die gleiche Konstellation wiederholt, können Sie mit einer erheblichen und unerwarteten Unterstützung rechnen.

Harmonische Aspekte (Trigon und Sextil) der Radix-Sonne mit dem Transit-Neptun

Entsprechen auch harmonischen Aspekten zwischen dem laufenden Herrscher von Haus zwölf und dem Herrscher von Haus fünf

Falls nicht andere, gegenteilige Aspekte dem widersprechen, handelt es sich bei diesem Transit um eine längere Periode, in der Sie vor unerfreulichen Überraschungen einigermaßen sicher sind. Ohne Anstrengungen Ihrerseits erhalten Sie alle Informationen, die Sie benötigen, um die anstehenden Probleme lösen zu können. Auf geheimnisvolle Weise bleibt Ihnen nichts verborgen, was für Sie wichtig sein könnte, selbst wenn andere dies mit allen Mitteln verhindern sollten. Insbesondere in beruflicher Hinsicht werden Sie erfolgreich sein, da es Ihnen gelingt, die richtigen Entscheidungen zum richtigen Zeitpunkt zu treffen. Wenn Sie keine allzu großen Sünden gegen Ihre Gesundheit begehen, dürften Sie für den Zeitraum von vier Jahren von allen Infektionskrankheiten, wie zum Beispiel Erkältungen, verschont bleiben, da Ihr Immunsystem besonders kräftig ist.

Harmonische Aspekte (Trigon und Sextil) des Radix-Neptun mit der Transit-Sonne

Entsprechen auch harmonischen Aspekten zwischen dem laufenden Herrscher von Haus fünf und dem Herrscher von Haus zwölf

Dieser Transit wirkt ausgesprochen schwach, ist jedoch durchweg positiver Natur. Vielleicht haben Sie an diesem Tag in einer wichtigen Angelegenheit den richtigen Riecher und können davon in finanzieller oder beruflicher Hinsicht profitieren.

Es ist auch möglich, dass Sie rechtzeitig Informationen über jemanden erhalten, der Ihnen heimlich schaden möchte, sodass Sie sich wappnen und seine Pläne vereiteln können.

Prinzip: prinzipienorientiertes Handeln

Konjunktion der Radix-Sonne mit dem Transit-Pluto

Entspricht auch der Konjunktion zwischen dem laufenden Herrscher von Haus acht und dem Herrscher von Haus fünf

In dieser Phase, die viele Monate andauern kann, werden Sie stärkere Veränderungen in Ihrem Verhalten vornehmen als zu irgendeinem anderen Zeitpunkt in Ihrem Leben. Einschneidende persönliche Erlebnisse werden Ihre Ansichten bezüglich Ihrer Lebensführung gründlich umkrempeln. Vermutlich werden Sie zu völlig neuen Erkenntnissen kommen, was Ihre Einschätzung des Wertes von Dingen angeht. Sie werden sehr viel strenger als bisher zwischen wichtig und unwichtig unterscheiden. Ziele, die Ihnen bisher höchst bedeutsam und erstrebenswert erschienen, können völlig unwichtig werden, während anderes, das Sie bisher kaum beachtet haben, in den Vordergrund tritt.

Indem Sie erkennen, wie viel überflüssigen Ballast Sie durch Ihr Leben schleppen, können Sie sich leicht von allem trennen, was Sie nicht mehr brauchen. Hiermit sind nicht nur materielle Güter, sondern auch Einstellungen und zwischenmenschliche Beziehungen gemeint. So werden Sie aus einer Situation, die Sie phasenweise vielleicht als beängstigend oder bedrückend empfinden, seelisch gereinigt und mit einer bisher nicht erlebten Vitalität hervorgehen.

Konjunktion des Radix-Pluto mit der Transit-Sonne

Entspricht auch der Konjunktion zwischen dem laufenden Herrscher von Haus fünf und dem Herrscher von Haus acht

Vielleicht ist dies der Tag, an dem Sie eine alte Schuld begleichen müssen. Falls jemand mit einer entsprechenden Forderung auf Sie zukommt, sollten Sie nicht zögern, dieser Folge zu leisten. Tun Sie dies nicht, wird aller Wahrscheinlichkeit nach nur noch größerer Ärger die Folge sein.

Dies ist ein günstiger Tag für Verträge und Vereinbarungen, die für eine lange Zeit Bestand haben sollen.

Auf der anderen Seite ist es jedoch auch eine gute Gelegenheit, um Dinge zu einem Ende zu bringen, die schon allzu lange auf einen Abschluss warten.

Spannungsaspekte (Opposition und Quadrat) der Radix-Sonne mit dem Transit-Pluto

Entsprechen auch Spannungsaspekten zwischen dem laufenden Herrscher von Haus acht und dem Herrscher von Haus fünf

In den Monaten, in denen dieser Transit gilt, sollten Sie nicht versuchen, Ihre Vorstellungen mit Gewalt durchzusetzen. Vermutlich sind Sie davon überzeugt, dass es für ein aktuell anstehendes Problem nur eine einzige Lösung gibt, die unter allen Umständen verwirklicht werden muss, um ein größeres Unglück zu vermeiden. Wenn Sie die Angelegenheit in Ruhe prüfen, werden Sie vermutlich feststellen, dass Sie hierbei heftig gegen Ihre wahren Interessen handeln (müssen). Wie könnte aber eine Handlungsweise, die gegen Ihre eigentlichen Überzeugungen ist, zu einem Ergebnis führen, mit dem Sie einverstanden sind?

Wenn Sie aufrichtig in sich gehen, können Sie spüren, dass irrationale Ängste und Befürchtungen Ihr Verhalten in einer unheilvollen Richtung fixiert haben. Wenn Sie diese Ängste zur Richtschnur Ihrer Handlungen machen, werden Sie exakt die Ergebnisse heraufbeschwören, die Sie doch mit allen Mitteln verhindern wollten!

Konzentrieren Sie sich besser auf das, was Sie in Wirklichkeit erreichen wollen, und denken Sie weniger an das, was Sie vermeiden möchten. Dies wird Ihnen schnell helfen, die Situation angemessener zu beurteilen. Erst wenn Sie sicher sind, dass Sie sich über Ihre wahren Zielvorstellungen im Klaren sind, sollten Sie handeln.

Hierbei sollten Sie keine Angst vor Verzögerungen haben. Plutotransite über die Sonne stellen Ihnen ein derartiges Energiepotenzial zur Verfügung, dass Sie in kurzer Zeit sehr viel erreichen können.

Spannungsaspekte (Opposition und Quadrat) des Radix-Pluto mit der Transit-Sonne

Entsprechen auch Spannungsaspekten zwischen dem laufenden Herrscher von Haus fünf und dem Herrscher von Haus acht

Möglicherweise werden Sie an diesem Tag mit einem alten Fehler oder seinen Konsequenzen konfrontiert. Falls Sie tatsächlich etwas falsch gemacht haben, bringen Sie die Sache so schnell wie möglich in Ordnung.

Allerdings besteht auch die erhöhte Neigung zu Schuldgefühlen, sodass mancher Ihnen auch Fehler einreden kann, mit denen Sie gar nichts zu tun haben. Falls Sie irgendwelche Zweifel haben, lassen Sie sich einige Tage Zeit, um in Ruhe zu einer Entscheidung zu kommen.

Mit Zusagen jeglicher Art, seien es Versprechungen oder Verträge, sollten Sie äußerst vorsichtig sein, da Sie die Neigung haben, sich zu etwas drängen zu lassen, was Sie später bereuen werden.

Harmonische Aspekte (Trigon und Sextil) der Radix-Sonne mit dem Transit-Pluto

Entsprechen auch harmonischen Aspekten zwischen dem laufenden Herrscher von Haus acht und dem Herrscher von Haus fünf

Dieser Transit kann viele Monate dauern und repräsentiert normalerweise eine ausgesprochen angenehme Lebensphase, in der Sie sich voller Energie fühlen und es genießen, wenn Freunde, Bekannte, Geschäftspartner und Mitarbeiter Ihnen Achtung und Respekt entgegenbringen. Wie bei anderen Transit-Trigonen auch, so ist diese Konstellation ein Hinweis darauf, dass Sie nun die Früchte früherer Anstrengungen genießen können. Dinge, für die Sie viele Opfer gebracht, auf die Sie lange und ausdauernd hingearbeitet haben, zahlen sich nun aus. Vielleicht müssen Sie sich noch in der einen oder anderen Hinsicht von altem Ballast befreien, was möglicherweise nicht völlig schmerzlos vonstattengeht. Doch dafür ist dann die Bahn frei, um Ihr gesamtes Autoritätspotenzial zu entfalten.

Da Sie diesen Transit nur einmal im Leben (wenn überhaupt) haben, sollten Sie in dieser Phase alles Ihnen Mögliche auf den Weg bringen, was die Absicherung Ihrer Zukunft angeht. Verbindungen, die Sie in dieser Zeit eingehen, werden lange, vielleicht ein ganzes Leben, andauern.

Harmonische Aspekte (Trigon und Sextil) des Radix-Pluto mit der Transit-Sonne

Entsprechen auch harmonischen Aspekten zwischen dem laufenden Herrscher von Haus fünf und dem Herrscher von Haus acht

Dies ist ein Tag, an dem Sie von den Verbindungen, die Sie eingegangen sind, profitieren. Vielleicht erhalten Sie Geld zurück, oder ein Vorgesetzter lobt Sie für Ihre Firmentreue oder sonst etwas in dieser Richtung.

Falls keine dazu widersprechenden Konstellationen vorliegen, werden Sie sich vital und voller Tatendrang fühlen. Heute ist eine gute Gelegenheit, um über Ihre Zukunftspläne nachzudenken und Ihren nächsten Urlaub zu planen.

Mond-Transite

Prinzip: emotionales Denken

Konjunktion des Radix-Mondes mit dem Transit-Merkur

Entspricht auch der Konjunktion zwischen dem laufenden Herrscher von Haus drei oder sechs und dem Herrscher von Haus vier

Die Gültigkeitsdauer dieses Transits beträgt insgesamt etwa zwei Tage. Irgendein Auslöser – wie zum Beispiel ein Brief – wird an diesem Tag Ihre Gefühle in Bewegung bringen. Der Anlass ist eher neutral, und die Bewegung, die in Ihr Seelenleben gebracht wird, ist weit davon entfernt, etwas mit Aufregung zu tun zu haben. Vielmehr bietet sich Ihnen die Chance, zu einem Thema, das bei Ihnen stark emotional und damit subjektiv besetzt ist, einen neuen, sachlicheren Blickwinkel einzunehmen.

Auf der anderen Seite fördert dieser Transit die Verbreitung von Subjektivismen – was nichts anderes bedeutet, als dass einem Klatsch, Tratsch und Gerüchte zu Ohren kommen oder dass Sie selbst Derartiges unter die Leute bringen. Bei Merkur-Mond-Konjunktionen werden erstaunlicherweise alle Beteiligten von der Trivialkommunikation profitieren. Die umlaufenden Gerüchte können dazu führen, dass Ihre Nachbarn Informationen erhalten, die es ihnen erlauben, Ihnen mehr Verständnis entgegenzubringen – und umgekehrt.

Konjunktion des Radix-Merkur mit dem Transit-Mond

Entspricht auch der Konjunktion zwischen dem laufenden Herrscher von Haus vier und dem Herrscher von Haus drei oder sechs

Transiten zwischen Merkur und Mond kommt für sich allein genommen nur selten eine herausragende Bedeutung zu. Dies gilt ja allgemein für die schnell laufenden Planeten. Die Gültigkeit dieser Transite ist nur kurz und ihr Einfluss eher gering. In stärkstem Maße treffen solche Bewertungen auf den laufenden Mond zu. Bei den übrigen Wandelsternen liegt die Wirkungsdauer eines Transits niemals unterhalb eines Tages. Mondaspekte gelten gerade einmal für zirka zwei Stunden vor und nach ihrer Exaktheit!

Stimmungen überlagern das rationale Denken und die Vernunft. In dieser Zeitphase kann es einem gelingen, Empfindungen zu formulieren, die wir vorher nur schwer in Worte fassen konnten. Vielleicht ist das Bedürfnis vorhanden, mit jemandem über seine Emotionen zu sprechen, was Ihnen unter einem Mond-Merkur-Transit leichter fallen wird als sonst.

Falls Sie poetisch veranlagt sind, ist jetzt ein günstiger Zeitpunkt, es mit dem Gedichteschreiben zu versuchen. Wenn Sie normalerweise nichts mit Lyrik anfangen können, wäre dieser Aspekt das Experiment wert, Schöngeistiges zu lesen und zu schauen, ob Sie sich jetzt eher angesprochen fühlen.

Der laufende Mond über dem Radix-Merkur ist ein ungünstiger Zeitraum, um geschäftliche Verhandlungen zu führen oder sich mit Sachthemen analytisch auseinanderzusetzen.

Spannungsaspekte (Opposition und Quadrat) des Radix-Mondes mit dem Transit-Merkur

Entsprechen auch Spannungsaspekten zwischen dem laufenden Herrscher von Haus drei und sechs und dem Herrscher von Haus vier

Diese Konstellation gilt für etwa ein bis zwei Tage. In diesem Zeitraum könnte in Ihrer unmittelbaren persönlichen Umwelt etwas vorfallen, das Ihre Gefühle in einer nicht angenehmen Weise bewegt. Dieser Spannungsaspekt allein vermag kaum etwas zustande zu bringen, über das Sie sich ernsthaft Sorgen machen müssten. Dennoch mag es Ihnen unangenehm oder lästig sein. Vielleicht erhalten Sie unerwünschten Besuch zum unpassenden Zeitpunkt. Eventuell bekommen Sie mit, wie andere hinter Ihrem Rücken über

Sie sprechen. Es kann sein, dass jemand etwas Kränkendes zu Ihnen sagt oder dass ausgerechnet Ihre klatschsüchtige Nachbarin beobachtet, wie Sie sich leidenschaftlich von Ihrer jüngsten Eroberung verabschieden.

Dieser Transit gibt Ihnen die Möglichkeit, ein vertrautes Thema oder einen Menschen aus Ihrer unmittelbaren Umgebung mit neuen Augen zu erleben.

Auch wenn Ihnen nicht gefällt, was Sie zu sehen bekommen, letztlich wird damit manches schiefe Bild geradegerückt, und Sie sehen klarer.

Spannungsaspekte (Opposition und Quadrat) des Radix-Merkur mit dem Transit-Mond

Entsprechen auch Spannungsaspekten zwischen dem laufenden Herrscher von Haus vier und dem Herrscher von Haus drei und sechs

Glücklicherweise dauert dieser Transit nur etwa zwei Stunden. In diesem Zeitraum sollten Sie sicherheitshalber davon ausgehen, dass es in der Kommunikation mit anderen zu jedem nur vorstellbaren Missverständnis kommen wird. Simpelste Zusammenhänge scheinen plötzlich kaum vermittelbar, Kollegen, mit denen Sie sich sonst blind verstehen, kommen Ihnen mit einem Mal vor, als würden sie chinesisch sprechen – und dergleichen mehr. Wenn Menschen, die wir als sachlich und überlegen kennen, ungerecht und irrational reagieren, mag dieser Aspekt im Spiel sein. Spannungsaspekte zwischen Mond und Merkur schaffen kaum überbrückbare Verständigungsschwierigkeiten zwischen »Kopf« und »Bauch«.

Deshalb: Auch wenn Sie das Bedürfnis haben sollten, mit jemandem Ihre tiefsten Gefühle zu teilen – warten Sie damit besser noch ein paar Stunden.

Harmonische Aspekte (Trigon und Sextil) des Radix-Mondes mit dem Transit-Merkur

Entsprechen auch harmonischen Aspekten zwischen dem laufenden Herrscher von Haus drei und sechs und dem Herrscher von Haus vier

Die Wirkung dieses Aspektes ist so gering, dass sie überhaupt nur in Ausnahmefällen spürbar sein wird.

Möglicherweise erhalten Sie eine angenehme Nachricht. Für die Gültigkeitsdauer des Transits, die bei etwa einem Tag liegt, vertragen sich Herz und Verstand außergewöhnlich gut. Es fällt Ihnen leicht, sich mit anderen offen auszusprechen. Mühelos können Sie sich auf die Stimmung Ihres Gegenübers einstellen. Ein Lob vom Chef, jemand, der Ihnen die Tür aufhält, wenn Sie mit schweren Tüten bepackt nach Hause kommen – rechnen Sie einfach mit einer dieser angenehmen Kleinigkeiten, die einen für einen ganzen Tag mit sich und dem Leben aussöhnen können.

Auch wenn die Wirkung dieses Transits leider nur schwach ist, er ist allemal den Versuch wert, an diesem Tag ein altes Missverständnis aus der Welt zu schaffen, einen Streit zu begraben oder einen versandeten Kontakt wiederherzustellen.

Harmonische Aspekte (Trigon und Sextil) des Radix-Merkur mit dem Transit-Mond

Entsprechen auch harmonischen Aspekten zwischen dem laufenden Herrscher von Haus vier und Herrscher von Haus drei und sechs

Dieser Transit wird eigentlich nur der Vollständigkeit halber aufgeführt, da seine Auswirkungen extrem schwach sind und die Gültigkeitsdauer nur zwei Stunden beträgt. Wesentlich stärker kommt der Transit zum Tragen, wenn wir ihn auf die Herrscher von Haus drei und Haus sechs und vier anwenden und es sich hier um Langsamläufer handelt, also zum Beispiel Jupiter oder Saturn.

Wenn sich spürbare Wirkungen ergeben, so werden sie sich in

der Weise äußern, dass eine sachliche Situation eine unvermutet positive persönliche Wende oder Färbung bekommt.

Ich selbst hatte diese Konstellation einmal während der mündlichen Prüfung bei einem allgemein als streng und unnachgiebig gefürchteten Professor. Es ging um statistische Methodenlehre in der Psychologie. Da mir das Thema nicht lag, ich schlecht vorbereitet war und der Professor sehr genau prüfte, sah es nicht gut für mich aus. Genau in den Minuten, als der Transit-Mond ein exaktes Trigon zum Merkur bildete, sollte ich ein praktisches Beispiel für ein kompliziertes Testverfahren geben, das es ermöglichen soll, anhand scheinbar geringfügiger, aber offensichtlicher Abweichungen vom »Normalen« auf individuelle Persönlichkeitsmerkmale und Charakterzüge zu schließen. Ich hatte nicht die geringste Ahnung, worum es bei diesem Test ging, und war kurz davor aufzugeben, als ich in einem Anfall intuitiven Muts der Verzweiflung auf die Hände des Professors blickte und mich sagen hörte: »Mit dem von Ihnen genannten Verfahren kann zum Beispiel mit an Sicherheit grenzender Wahrscheinlichkeit geschlossen werden, dass Sie Flamencogitarre spielen und nach einer längeren Pause wieder begonnen haben, intensiv zu üben. Vermutlich werden Sie sich zur Zeit gerade auf einen Konzertauftritt vorbereiten.« Der Professor hatte die Fingernägel der linken Hand sehr kurz geschnitten, während die der rechten für einen Mann ungewöhnlich lang waren – ein Zeichen dafür, dass jemand klassische Gitarre spielt. Ein Fingernagel war wohl eingerissen und mit einer speziellen Paste überklebt, die nur von spanischen Flamencogitarristen verwendet wird. Am linken Handgelenk trug er ein Lederarmband, wie es verwendet wird, wenn eine Sehnenscheidenentzündung vorliegt – bei Gitarristen ein Zeichen, dass nach längerer Pause sehr viel geübt wurde. Die Aussage, dass er sich auf ein Konzert vorbereite, war natürlich ein bisschen geraten, erwies sich aber glücklicherweise als richtig.

Unnötig zu erwähnen, dass ich die Prüfung mit einem guten Ergebnis bestand. Dieses ausführliche Beispiel macht im Übrigen deutlich, dass in manchen Fällen schwache Transite eben doch sehr mächtige Wirkungen haben ...

Prinzip: ästhetisches Empfinden

Konjunktion des Radix-Mondes mit der Transit-Venus

Entspricht auch der Konjunktion zwischen dem laufenden Herrscher von Haus zwei und sieben und dem Herrscher von Haus vier

Der Transit gilt etwa zwei Tage lang. Es ist eine gute Zeit, um sich in einer konstruktiven Form mit seiner Eigenliebe auseinanderzusetzen. Wann haben Sie sich zuletzt wirklich etwas gegönnt? Welche Charakterzüge von Ihnen sind besonders liebenswert? Was haben Sie in den vergangenen Wochen getan, um Ihre innere und äußere Attraktivität zu fördern?

Sie können diese Tage nutzen, um sich etwas zu kaufen, das Sie gerne hätten. Dies muss für Sie nicht unbedingt einen echten praktischen Nutzen haben. Hier kann es sich um ein Gemälde oder ein Foto, aber auch ein Kleidungsstück oder um Kosmetika handeln. Wichtig ist nicht, was Sie erwerben, sondern mit welcher Einstellung Sie dies tun. Sie sollten in dem Bewusstsein handeln, dass Sie es wert sind, sich selbst eine Freude zu machen.

Sie werden umgehend feststellen, wie sich Ihre Beziehungen zu anderen Menschen, zu Mitarbeitern und zum Partner entspannen und harmonisieren. In dem Maße, wie es Ihnen gelingt, liebevoller mit sich selbst umzugehen, werden Sie dies automatisch und mühelos auch mit anderen können. Je freundlicher Sie mit sich umgehen, umso mehr wird dies auch Ihre Umgebung mit Ihnen tun.

Konjunktion der Radix-Venus mit dem Transit-Mond

Entspricht auch der Konjunktion zwischen dem laufenden Herrscher von Haus vier und dem Herrscher von Haus zwei und sieben

Transiten zwischen Venus und Mond kommt für sich allein genommen nur selten eine herausragende Bedeutung zu. Dies gilt ja allgemein für die schnell laufenden Planeten. Die Gültigkeitsdauer dieser Transite ist nur kurz und ihr Einfluss eher gering. In stärkstem Maße treffen solche Bewertungen auf den laufenden Mond zu. Bei den übrigen Wandelsternen liegt die Wirkungsdauer eines Transits niemals unterhalb eines Tages. Mondaspekte gelten gerade einmal für zirka zwei Stunden vor und nach ihrer Exaktheit.

Für einige Stunden werden Sie sich in einer romantischen Stimmung befinden, in der Sie sich mit den angenehmen Seiten des Lebens beschäftigen können. Es ist eine gute Gelegenheit, darüber nachzudenken, was Sie mit den Menschen, die Ihnen nahestehen, verbindet. und was Sie dafür tun können, um diese Beziehungen zu fördern und zu erhalten.

Spannungsaspekte (Opposition und Quadrat) des Radix-Mondes mit der Transit-Venus

Entsprechen auch Spannungsaspekten zwischen dem laufenden Herrscher von Haus zwei und sieben und dem Herrscher von Haus vier

In diesen beiden Tagen fühlen Sie sich emotional eventuell ein wenig instabil. Etwas in Ihrer Umgebung hat Sie aus Ihrem seelischen Gleichgewicht gebracht. Möglicherweise fühlen Sie sich von Ihrem Partner nicht genug geliebt und sind deswegen verunsichert. Umgekehrt besteht die Chance, dass Sie sich in jemanden verguckt haben und nun Ihre Lebensgemeinschaft gefährdet sehen. Der jetzige Zeitpunkt ist für ein erotisches Abenteuer allerdings kaum geeignet. Die Wahrscheinlichkeit ist hoch, dass Ihre Gefühle und die anderer sinnlos verletzt werden. Dieser Transit kann allerdings auch Geldsorgen bringen. In beiden Bereichen, in der Partnerschaft und bei den Finanzen, besteht die Chance, sich über versteckte Missstände, die Sie bisher nicht sehen konnten – oder wollten – bewusst zu werden. Dies zu verstehen und zu akzeptieren ist eine große Lernaufgabe und Herausforderung. Es ist kein guter Zeitpunkt, um aktiv zu werden und zu handeln. Erst muss die Situation wirklich verstanden sein, bevor Konsequenzen gezogen werden können.

Spannungsaspekte (Opposition und Quadrat) der Radix-Venus mit dem Transit-Mond

Entsprechen auch Spannungsaspekten zwischen dem laufenden Herrscher von Haus vier und dem Herrscher von Haus zwei und sieben

Der Übergang des Monds über die Spannungsaspekte zur Venus dauert insgesamt etwa vier Stunden. In diesem Zeitraum fühlen Sie sich möglicherweise reizbar und aus dem seelischen Gleichgewicht gebracht. Vielleicht haben Sie den Eindruck, dass Ihre Umgebung Sie nicht versteht und Ihnen unrecht tut. Wenn Sie wollen, dann können Sie sich für die Dauer des Transits intensiv darüber bewusst werden, was Sie in letzter Zeit alles falsch gemacht haben, was Sie immer noch nicht können, was an Ihnen besonders kritikwürdig ist. Es mag Situationen geben, in denen ein solches Vorgehen sinnvoll ist, um eigene Schwächen erkennen und überwinden zu können. Sie sollten aber nicht so weit gehen und sich in eine depressive Stimmung hineinsteigern. Das ist kontraproduktiv. Selbstmitleid dient nicht der Selbsterkenntnis, sondern der Rechtfertigung von Schwächen.

Harmonische Aspekte (Trigon und Sextil) des Radix-Mondes mit der Transit-Venus

Entsprechen auch harmonischen Aspekten zwischen dem laufenden Herrscher von Haus zwei und sieben und dem Herrscher von Haus vier

Während dieses Transits können Sie auf angenehme Art und Weise erleben, was in Ihrem Leben wirklich in Ordnung ist. Dies gilt für den finanziellen Bereich genauso wie für Freundschaft und Partnerschaft. Was Sie sich in Ihrem bisherigen Leben geschaffen haben, können Sie in diesen Tagen spüren und genießen. Möglicherweise erhalten Sie die eine oder andere materielle Zuwendung in Form von Geschenken oder Geld. Auch wenn es sich hier in der Regel nicht um die ganz großen Beträge handeln wird, so kommen einem die kleinen Präsente doch zupass. In der Partnerschaft dürfen Sie ebenfalls darauf hoffen, etwas mehr Aufmerksamkeit und Beachtung zu finden.

Harmonische Aspekte (Trigon und Sextil) der Radix-Venus mit dem Transit-Mond

Entsprechen auch harmonischen Aspekten zwischen dem laufenden Herrscher von Haus vier und dem Herrscher von Haus zwei und sieben

Dieser Transit wird eigentlich nur der Vollständigkeit halber aufgeführt, da seine Auswirkungen extrem schwach sind und die Gültigkeitsdauer nur zwei Stunden beträgt. Wesentlich stärker kommt der Transit zum Tragen, wenn er auf die Herrscher von Haus zwei sowie sieben und vier angewendet wird und es sich hier um Langsamläufer handelt, also zum Beispiel Jupiter oder Saturn.

Während dieses Transits werden Sie mit sich und Ihrer Umwelt im Reinen sein. Sie sind sich Ihrer persönlichen Vorzüge bewusst und können sich so nehmen, wie Sie nun einmal sind. Sie haben keinerlei Interesse an Streit und Auseinandersetzungen, und in der Regel wird Ihre persönliche Ausstrahlung so ausgeglichen sein, dass jeder Ihre Gesellschaft als angenehm empfindet. Mondübergänge über die harmonischen Aspektstellen der Venus sind eine gute Gelegenheit, um herauszufinden, was einen für andere Menschen attraktiv macht. Sie können ein Gespür dafür entwickeln, warum andere bereit sind, etwas für Sie zu tun, sich in Ihrer Gesellschaft wohlfühlen, sich in Sie verlieben oder Ihnen einen Job geben. Je genauer Sie erkennen, worin Ihre persönliche Anziehungskraft liegt, umso mehr Selbstsicherheit werden Sie gewinnen. Wenn Sie wissen, was andere an Ihnen lieben und schätzen, können Sie diese Eigenschaften bewusst nutzen und fördern.

Prinzip: leistungsorientiertes Empfinden

Konjunktion des Radix-Mondes mit dem Transit-Mars

Entspricht auch der Konjunktion zwischen dem laufenden Herrscher von Haus eins und dem Herrscher von Haus vier

Die Gültigkeitsdauer dieses Transits beträgt insgesamt etwa eine Woche.

Unmissverständlich wird Ihnen bewusst, dass es jetzt notwendig ist, all Ihre Energie zu mobilisieren. Vielleicht müssen Sie sogar für etwas kämpfen. Es wird offensichtlich, dass Sie Ihre ganze Kraft benötigen werden, um Ihren Seelenfrieden zu erhalten oder wiederherzustellen. Da Sie unter Stress stehen, sollten Sie nicht den Fehler begehen, Ihre Gereiztheit an Familienmitgliedern auszulassen und damit einen Streit heraufzubeschwören, den Sie jetzt am allerwenigsten gebrauchen können.

Konjunktion des Radix-Mars mit dem Transit-Mond

Entspricht auch der Konjunktion zwischen dem laufenden Herrscher von Haus vier und dem Herrscher von Haus eins

Erhöhte Gereiztheit und mürrische Laune können hier genauso auftreten wie das Bedürfnis nach sportlicher oder sexueller Aktivität.

Insbesondere mit Menschen, zu denen eine emotionale Bindung besteht, kann es jetzt zum Streit kommen. Da der Transit nur wenige Stunden andauert, wird sich das Ausmaß möglicher Auseinandersetzungen allerdings wohl in Grenzen halten. Vielleicht wird Ihnen erst jetzt bewusst, dass Sie in einer für Sie wichtigen Angelegenheit übervorteilt wurden, und Sie ärgern sich entsprechend.

Sie haben in diesem Zeitraum jedoch auch die Möglichkeit, den besten Weg zu finden, wie Sie Ihre Interessen doch noch durchsetzen können. Hierauf sollten Sie sich konzentrieren und alle Selbstvorwürfe aufgeben. Was geschehen ist, lässt sich nicht rückgängig machen, doch Sie können auch jetzt noch die Situation zu Ihrem Vorteil verändern.

Spannungsaspekte (Opposition und Quadrat) des Radix-Mondes mit dem Transit-Mars

Entsprechen auch Spannungsaspekten zwischen dem laufenden Herrscher von Haus eins und dem Herrscher von Haus vier

Diese Konstellation gilt für etwa eine Woche. Vermutlich fühlen Sie sich zu Unrecht kritisiert und angegriffen, und Sie sind dementsprechend beleidigt. Vielleicht fühlen Sie sich sogar regelrecht bedroht und haben Angst. Das Ergebnis ist dann eine gereizte und mürrische Stimmung, die auf andere einschüchternd, aber auch provozierend wirkt, sodass Sie sich auf diese Weise womöglich noch mehr Ärger einhandeln, als Sie sowieso schon haben.

Lernaufgabe und Herausforderung dieses Transits ist die Konfrontation mit einer emotionalen Konkurrenzsituation. Das heißt, jemand versucht Sie in einer Angelegenheit auszustechen, an der Ihr Herz hängt. Es bleibt Ihnen gar nichts anderes übrig, als sich der Situation zu stellen. Ihre Angst und Ihre Sorgen werden vergehen, und Sie können besser als zuvor Ihre Kräfte einsetzen und schätzen.

Spannungsaspekte (Opposition und Quadrat) des Radix-Mars mit dem Transit-Mond

Entsprechen auch Spannungsaspekten zwischen dem laufenden Herrscher von Haus vier und dem Herrscher von Haus eins

Vielleicht geht Ihnen etwas in Ihrem häuslichen Umfeld auf die Nerven und Sie sind entsprechend gereizt. Ob in diesem oder einem anderen Bereich – während des zirka zwei Stunden dauernden

Transits werden Sie ein heftiges Verlangen nach etwas empfinden, das Sie nicht haben, aber nur allzu gern hätten. Lernaufgabe und Herausforderung ist es hier herauszufinden, wie fundiert dieses Verlangen ist. Kommt es lediglich aus einer Stimmung heraus, oder tritt ein lang unterdrücktes Bedürfnis in Erscheinung?

Harmonische Aspekte (Trigon und Sextil) des Radix-Mondes mit dem Transit-Mars

Entsprechen auch harmonischen Aspekten zwischen dem laufenden Herrscher von Haus eins und dem Herrscher von Haus vier

Dies ist eine angenehme Phase gesteigerter Vitalität und Aktivität. Sportliche Aktivitäten und Sexualität werden jetzt als besonders angenehm empfunden.

Es fällt Ihnen ausgesprochen leicht, Ihre Gefühle auszudrücken, und Sie erreichen damit in Ihrer Umwelt fast durchweg positive Reaktionen, auch wenn Sie Dinge formulieren, die dem Gegenüber nicht gefallen können.

Im beruflichen, vor allem aber im privaten Bereich gelingt es Ihnen besser als sonst, Ihre Vorstellungen durchzusetzen, ohne dass Sie hierfür Konflikte riskieren müssten.

Von Ihrer ausgeglichenen Stimmung profitieren Sie in sämtlichen Lebensbereichen. Sie befinden sich in einer extravertierten Phase und sind entsprechend unternehmungslustig. So ist dies denn auch ein günstiger Zeitpunkt für einen Kurzurlaub.

Harmonische Aspekte (Trigon und Sextil) des Radix-Mars mit dem Transit-Mond

Entsprechen auch harmonischen Aspekten zwischen dem laufenden Herrscher von Haus vier und dem Herrscher von Haus eins

Dieser nur schwach spürbare Transit entspricht einer zweistündigen Phase seelischer Ausgeglichenheit und emotionaler Ausdruckskraft.

Wenn Sie eher schüchtern sind, ist dies ein guter Zeitpunkt, um Menschen, die Sie mögen, Ihre Gefühle zu offenbaren. Doch auch Kritik an Freunden und Mitarbeitern kann jetzt besser vermittelt werden, sodass konstruktive Gespräche möglich sind.

Dies ist ein guter Zeitpunkt, um sich auf die eigenen Stärken zu besinnen.

Mond-Jupiter-Transit

Prinzip: emotionale Expansion

Konjunktion des Radix-Mondes mit dem Transit-Jupiter

Entspricht auch der Konjunktion zwischen dem laufenden Herrscher von Haus neun und dem Herrscher von Haus vier

In den Wochen, in denen der Übergang Jupiters über den Mond Gültigkeit hat, wird es Ihnen besser als sonst gelingen, Chancen und Möglichkeiten zu erkennen und zu nutzen. Vermutlich befinden Sie sich in einer grundsätzlich positiven und optimistischen Stimmung. Das macht es leicht, auf die eigenen Fähigkeiten und das Entgegenkommen der Umwelt zu vertrauen. In der Tat gibt es Leute, die in dieser Zeit ein Interesse daran haben, Sie bei der Verwirklichung Ihrer persönlichen Wünsche zu unterstützen.

Es macht jetzt wenig Sinn, sich um Detailfragen zu kümmern, vielmehr sollten Sie Ihre Aufmerksamkeit auf die eine globale Übersicht richten, da sich Ihnen zu viele Optionen auftun, als dass sie genau ausgearbeitet und überprüft werden könnten. Umso wichtiger ist es, sich darüber klar zu werden, was Sie eigentlich wollen, damit Sie entsprechende Vorentscheidungen treffen können. Eine Hilfe kann es sein, darüber nachzudenken, welche Chancen Sie vor zirka zwölf Jahren hatten, um Ihre persönliche Situation zu verändern. Da sich Ihnen nun ähnliche Möglichkeiten bieten, können Sie aus Ihren damaligen Fehlern lernen. Wenn Sie eine Fernreise planen möchten oder sich mit dem Gedanken tragen, Ihr Haus oder Ihr Geschäft zu vergrößern, so ist es nun ein guter Zeitpunkt, damit zu beginnen. In Ihrem Elan sollten Sie nicht den Fehler begehen, größer anzusetzen, als Sie auf Dauer durchhalten können. Sie sollten Ihre Projekte vielmehr so angehen, dass diese auch dann noch durchführbar sind, wenn Sie weniger Unterstützung erfahren und nicht so optimistisch und motiviert sind wie zur Zeit.

Damit Sie von Ihren momentanen Vorteilen dauerhaft profitieren können, sollten Sie sich um jemanden kümmern, der es nicht so gut wie Sie getroffen hat.

Konjunktion des Radix-Jupiter mit dem Transit-Mond

Entspricht auch der Konjunktion zwischen dem laufenden Herrscher von Haus vier und dem Herrscher von Haus neun

Mondübergänge wirken nur wenige Stunden. Doch wird dies vermutlich eine für Sie angenehme Zeit sein. Vielleicht sind Sie sogar von sich selbst angetan und berauschen sich an Ihrer eigenen Bedeutung. Wenn Sie wollen, können Sie den Transit dafür nutzen, Ihre persönliche Situation und Ihre Motive in einem größeren Kontext als sonst zu sehen. Vielleicht fallen Ihnen Querverbindungen und Zusammenhänge auf, die Ihnen bisher entgangen waren und die zur Überwindung bestimmter Schwierigkeiten beitragen können.

Mondübergänge über Jupiter zeigen uns, zu wie viel Großmut und Toleranz wir fähig sind, wenn wir uns in einer guten Stimmung befinden. Sie können uns die Einsicht vermitteln, wie wir Menschen aus unserem persönlichen Umfeld – unserer Familie, unseren Freunden und Partnern – in angemessener Form mehr Freiheiten einzuräumen vermögen. Dies wird nicht zu einer Einschränkung unserer Möglichkeiten, sondern zu einem größeren Entfaltungsspielraum führen.

Spannungsaspekte (Opposition und Quadrat) des Radix-Mondes mit dem Transit-Jupiter

Entsprechen auch Spannungsaspekten zwischen dem laufenden Herrscher von Haus neun und dem Herrscher von Haus vier

In dieser Phase müssen wir gegen unvernünftige Wünsche und Bedürfnisse ankämpfen. Wir können im Extremfall den leidenschaftlichen Drang entwickeln, Dinge zu tun, von denen wir bereits im Vorfeld wissen, dass sie uns nur schaden werden.

Es besteht die Möglichkeit, dass Sie sich irritiert und verwirrt fühlen, weil Sie in dem, was Sie tun, keine langfristige Perspektive erkennen können. In manchen Fällen wechseln Sinnlosigkeitsgefühle mit einer lächerlichen und unbegründeten Euphorie. Sie können in der falschen Situation und den falschen Leuten gegenüber großzügig sein, zum Beispiel indem Sie wertvolle Dinge verschenken, die Sie selbst dringend benötigen. Falsche Großzügigkeit können Sie sehr leicht daran erkennen, dass Ihr wahres Motiv nicht darin liegt zu helfen, sondern in dem Bedürfnis, andere zu beeindrucken.

Lernaufgabe und Herausforderung dieses Transits liegen in der Überwindung von Hochmut und Neid. Sie sollten nicht auf das schielen, was andere haben, aber Sie nicht. Vielmehr wäre es hilfreich, wenn Sie sich bewusst machen, was Sie sich in Ihrem bisherigen Leben an Wohlstand schaffen konnten und was notwendig ist, um diesen zu erhalten.

Auch wenn Sie vielleicht jetzt gelegentlich unter Minderwertigkeitsgefühlen leiden, versuchen Sie nicht, sich bedeutender zu geben, als Sie sind. Hiermit können Sie sich nur Schaden zufügen.

Spannungsaspekte Jupiters über den Mond können Ihnen den Gemütszustand zeigen, in dem jemand leben muss, der immer nur vom Pech verfolgt wird und niemanden hat, der ihn ermutigt oder unterstützt.

Vielleicht hilft Ihnen das, sich darüber klar zu werden, wieviel in Ihrem Leben Sie der Unterstützung durch Freunde, Ihre Familie oder auch Lehrer verdanken. Wenn Sie hieraus die richtigen Konsequenzen ziehen, hat sich der Transit für Sie gelohnt.

Spannungsaspekte (Opposition und Quadrat) des Radix-Jupiter mit dem Transit-Mond

Entsprechen auch Spannungsaspekten zwischen dem laufenden Herrscher von Haus vier und dem Herrscher von Haus neun

In den wenigen Stunden, in denen die Konstellation Gültigkeit hat, werden Sie dazu neigen, zwischen Selbstüberschätzung und gereizten Minderwertigkeitsempfindungen hin und her zu schwanken. Vermutlich fühlen Sie sich von Ihrer gesamten Umwelt ungerecht behandelt und meinen deshalb, mit gutem Recht Ihre schlechte Laune an jedem auslassen zu können. Wenn Sie sich mehr Lob und Anerkennung wünschen, sollten Sie mit gutem Beispiel vorangehen und diese Gefühle etwas mehr den Menschen in Ihrer persönlichen Umgebung entgegenbringen. Mit ein wenig gutem Willen wird Ihnen mit Sicherheit mindestens eine Person einfallen, die ihrem Einflussbereich unterliegt und die ein wenig Unterstützung oder fördernde Anerkennung von Ihrer Seite dringend gebrauchen könnte. Versuchen Sie herauszufinden, warum Sie diesen Umstand bisher übersehen haben, und bemühen Sie sich um die Überwindung Ihrer Kleinkariertheit in diesem Punkt. Dann können Sie mit einem überflüssigen Neidgefühl weniger durchs Leben gehen.

Harmonische Aspekte (Trigon und Sextil) des Radix-Mondes mit dem Transit-Jupiter

Entsprechen auch harmonischen Aspekten zwischen dem laufenden Herrscher von Haus neun und dem Herrscher von Haus vier

Anerkennung und Förderung im privaten Bereich bringt der Transit mit sich. Sie genießen es, dass Ihre Umgebung Ihnen viel Aufmerksamkeit entgegenbringt und all Ihre Wünsche und Bedürfnisse wichtig nimmt. In direkter oder indirekter Form profitieren Sie jetzt von der Unterstützung, die Sie jemand anderem in der Vergangenheit zukommen ließen.

Besser als sonst können Sie sich in dieser Phase einfach so akzeptieren, wie Sie nun einmal sind. Sie haben kein besonderes Verlangen danach, sich oder Ihre Lebenssituation zu verändern. So haben Sie jetzt die Chance, intensiv die Gegenwart zu genießen, ohne Ihr Augenmerk auf Vergangenheit oder Zukunft richten zu müssen.

Harmonische Aspekte (Trigon und Sextil) des Radix-Jupiter mit dem Transit-Mond

Entsprechen auch harmonischen Aspekten zwischen dem laufenden Herrscher von Haus vier und dem Herrscher von Haus neun

Dieser Transit wirkt nicht besonders stark, dafür erleben wir ihn zumindest als angenehm. In den Stunden seiner Gültigkeit werden Sie sich als selbstsicher und kompetent erfahren und diese Empfindung entsprechend genießen.

Es ist eine gute Gelegenheit, darüber nachzudenken, welche Optionen Sie außerhalb Ihrer jetzigen Lebenssituation noch haben. Wenn Sie zum Beispiel während dieses Transits überlegen, welche Berufe Sie, abgesehen von Ihrer jetzigen Tätigkeit, noch ausführen könnten oder welche anderen Wohnorte Ihnen gefielen. Dieses angenehme Gedankenspiel vermag Ihnen dabei zu helfen, die zahlreichen Alternativen und Wahlmöglichkeiten in Ihrem Leben zu erkennen. So werden Sie sich darüber bewusst, warum Sie sich gerade für Ihre jetzige Situation und nicht irgendeine andere entschieden haben. Es werden persönliche Freiräume deutlich, über deren Existenz Sie sich freuen und deren Möglichkeiten Sie nutzen können, wenn Ihnen dies angemessen erscheint.

Prinzip: emotionale Disziplin

Konjunktion des Radix-Mondes mit dem Transit-Saturn

Entspricht auch der Konjunktion zwischen dem laufenden Herrscher von Haus zehn und dem Herrscher von Haus vier

Die Gültigkeitsdauer dieses Transits beträgt insgesamt einige Wochen bis Monate. In dieser Zeit werden Sie deutlich mit Ihren Grenzen konfrontiert, das heißt, Sie bekommen wesentlich deutlicher als sonst den Unterschied zwischen »Wollen« und »Können« zu spüren.

Angelegenheiten, in denen Sie sich nicht entscheiden konnten, sich hin und her gerissen fühlten und zauderten, erzwingen nun eine Entscheidung. Sie werden sich von einigem trennen müssen, doch das wird Ihnen helfen, Ihr seelisches Gleichgewicht wiederzufinden.

Möglicherweise fühlen Sie sich gesellschaftlich oder beruflich unter Druck gesetzt, indem Sie jemand zwingen möchte, Standpunkte einzunehmen, die nicht die Ihren sind. So unangenehm, wie dieser Vorgang auch ist, er bietet Ihnen doch die unschätzbare Chance, emotionale Klarheit zu erlangen. Alle Empfindungen und Einstellungen, die lediglich einer Laune entsprungen sind und nicht dauerhaft Bestand haben, können in solchen Situationen als unwesentlich erkannt und aufgegeben werden. Ansichten, die den Kern Ihrer Persönlichkeit ausmachen, können so klar zutage treten. Genauer als zu irgendeinem anderen Zeitpunkt spüren Sie, was Ihre wahre Persönlichkeit ausmacht. Wenn Sie die Gelegenheit nutzen und sich von Unwesentlichem verabschieden, ohne die emotionale Essenz aufzugeben, kann Ihnen der äußere Druck nichts anhaben.

Sie werden seelisch gereift und gefestigt aus diesem Prozess hervorgehen.

Konjunktion des Radix-Saturn mit dem Transit-Mond

Entspricht auch der Konjunktion zwischen dem laufenden Herrscher von Haus vier und dem Herrscher von Haus zehn

Dieser Transit dauert nur wenige Stunden an. In der Zeit seiner Gültigkeit verfügen Sie über große emotionale Klarheit und ein gutes Konzentrationsvermögen. Es ist daher eine gute Gelegenheit, sich mit der Erledigung ungeliebter, aber notwendiger Pflichten zu beschäftigen.

Wenn Sie sich in den letzten Tagen und Wochen häufig unausgeglichen und seelisch instabil gefühlt haben, können Sie diese Stunden nutzen, um den Grund dafür herauszufinden. Da Sie jetzt einen kühleren Kopf haben, wird Ihnen das leicht gelingen. Sind die Ursachen erst einmal bekannt, lässt sich auch ein Weg für ihre Beseitigung finden.

Spannungsaspekte (Opposition und Quadrat) des Radix-Mondes mit dem Transit-Saturn

Entsprechen auch Spannungsaspekten zwischen dem laufenden Herrscher von Haus zehn und dem Herrscher von Haus vier

Der Übergang Saturns über die Spannungsaspekte zum Mond beschneidet Ihren emotionalen Freiraum. Gleich einem kosmischen Ruf zur Ordnung sorgt Saturn für die Korrektur emotionaler Fehleinschätzungen. Statt sich mit vielen Dingen oberflächlich zu beschäftigen, sind Sie nun gezwungen, sich mit einigen wenigen, aber wesentlichen Angelegenheiten konzentriert auseinanderzusetzen.

Dabei kann sich die Einsicht entwickeln, dass Sie mehr auf sich allein gestellt sind, als Sie möchten. Einsamkeitsgefühle und Depressionen sind unter diesem Transit keine Seltenheit. Beide Empfindungen entstehen jedoch aus der Wahrnehmung innerer Leere, die zuvor genauso vorhanden war wie jetzt. Sie konnte lediglich nicht wahrgenommen werden, da sie durch oberflächliche Gemütsbewegungen überdeckt wurde.

Lernaufgabe und Herausforderung ist es, den Kern Ihrer persönlichen Motivation, die Grundlage Ihres Handelns zu entdecken. Was möchten Sie in diesem Leben erreichen, unabhängig davon, wie sich die Beziehungen zu Freunden und Partnern entwickeln? Welcher rote Faden zieht sich durch all Ihre Aktivitäten und stellt Sie in einen übergeordneten Rahmen? Und schließlich: Welche Ihrer Gefühle und Empfindungen haben wirklich Bestand und überdauern damit die Zeit? Wenn Sie diese Lektionen akzeptieren und nicht bekämpfen, dann wird sich der Transit ausgesprochen segensreich für Sie auswirken. Seelische Unabhängigkeit und Selbstvertrauen werden Ihnen mehr Stabilität und Halt geben, als Sie bisher kannten.

Spannungsaspekte (Opposition und Quadrat) des Radix-Saturn mit dem Transit-Mond

Entsprechen auch Spannungsaspekten zwischen dem laufenden Herrscher von Haus vier und dem Herrscher von Haus zehn

Für einige Stunden haben Sie Ihre Ziele aus den Augen verloren. Sie werden sich vermutlich desorientiert und niedergeschlagen fühlen. Vielleicht glauben Sie sogar, in einer ausweglosen Lage gefangen zu sein.

Abgesehen davon, dass sich Ihre Stimmung bereits in wenigen Stunden geändert haben wird, können Sie diese Zeit auch konstruktiv nutzen. Es ist eine gute Gelegenheit, um herauszufinden, wo Sie sich möglicherweise in inhaltsleere Formalismen geflüchtet haben könnten – das heißt, wo Sie Dinge tun, die schon längst ihren Sinn verloren haben. Ein beliebig austauschbares Beispiel wäre zum Beispiel ein Nebenjob, den Sie angenommen haben, um Schulden abzubezahlen. Die Schulden sind längst getilgt, doch Sie haben sich an den Job und die Zusatzeinnahmen so gewöhnt, dass Sie ihn beibehalten, obwohl er Sie wertvolle Freizeit kostet und Ihnen keinen

Spaß macht. Das ist es, was ich mit überlebten Formalismen meine. Da sie einen vom wirklichen Leben und Erleben trennen, ist es gut, wenn wir sie durchschauen und uns von ihnen verabschieden. Spannungsaspekte des laufenden Mondes zum Saturn helfen einem, solche inhaltsleeren Formalismen zu erkennen. Wenn wir an sie denken, überkommt uns sofort das Gefühl von Einengung und Sinnlosigkeit. Es bleibt Ihnen überlassen, ob Sie hieraus die notwendigen Konsequenzen ziehen wollen. Denn es gehört nicht nur die Erkenntnis, sondern auch ein wenig Mut dazu, sich von Scheinsicherheiten zu befreien.

Harmonische Aspekte (Trigon und Sextil) des Radix-Mondes mit dem Transit-Saturn

Entsprechen auch harmonischen Aspekten zwischen dem laufenden Herrscher von Haus zehn und dem Herrscher von Haus vier

Auf gesellschaftlicher oder beruflicher Ebene finden Sie jetzt Bedingungen vor, die Ihren emotionalen Bedürfnissen entgegenkommen. Das heißt, es bietet sich Ihnen ein Rahmen an, der Ihren persönlichen Wünschen gemäß ist und Ihnen ein Optimum an Sicherheit und Entfaltungsmöglichkeiten bietet.

Sie sollten jetzt nicht in Bequemlichkeit verfallen und lediglich die angenehmen Umstände genießen. Wenn Sie aktiv an der Gestaltung Ihrer beruflichen und gesellschaftlichen Situation mitarbeiten, können Sie sich ein solides Fundament schaffen, das Ihnen auf Dauer und nicht nur für die Gültigkeit des Transits verbesserte Chancen in Ihrer Lebensgestaltung bietet. Das gilt sowohl für Ihre Karriere als auch die Absicherung Ihrer familiären Belange.

Jedes Unternehmen, das jetzt begonnen wird und mit Ihrer emotionalen Einstellung im Einklang ist, wird dauerhaft Bestand haben.

Harmonische Aspekte (Trigon und Sextil) des Radix-Saturn mit dem Transit-Mond

Entsprechen auch harmonischen Aspekten des laufenden Herrschers von Haus zehn mit dem Herrscher von Haus vier

Mondübergänge zu den harmonischen Aspekten Saturns dauern nur vier Stunden an. Sie können für sich genommen, das heißt ohne das Einbeziehen anderer, länger andauernder Aspekte, lediglich Stimmungen widerspiegeln.

Während der Gültigkeitsdauer des Transits sind Sie vielleicht nicht unbedingt heiterer Stimmung, aber Sie werden sich vermutlich seelisch ausgeglichen fühlen und wissen, was Sie wollen. Sie sind einigermaßen zufrieden mit dem, was Sie bisher in Ihrem Leben im Allgemeinen und Ihrem Beruf im Besonderen erreicht haben.

Wenn Sie wollen, können Sie die Gelegenheit dazu nutzen, um darüber nachzudenken, was die wirklichen Grundlagen für Ihre bisherigen Erfolge waren. Es fällt Ihnen jetzt leichter als sonst, die Kriterien auszumachen, nach denen Sie bewusst und unbewusst bei der Verfolgung Ihrer Ziele gehandelt haben. Wenn Sie einen emotionalen Zugang zu den erfolgreichen Maßstäben gefunden haben, die Sie in der Vergangenheit zugrunde legten, um Ihre Pläne zu verwirklichen, dann wird es Ihnen ein leichtes sein, diese Kriterien in Zukunft bewusst für sich nutzbar zu machen.

Prinzip: abgehobene Emotionalität

Konjunktion des Radix-Mondes mit dem Transit-Uranus

Entspricht auch der Konjunktion zwischen dem laufenden Herrscher von Haus elf und dem Herrscher von Haus vier

Dieser Transit kommt, wenn überhaupt, nur einmal in einem Leben vor.

Der Übergang des Uranus über den Mond im Geburtshoroskop kennzeichnet immer einen Zeitraum intensiver, heftiger und radikaler emotionaler Veränderungen. Inhaltlich geht es hier stets um die Loslösung von überlebten Abhängigkeiten, die durch einen selbst oder mithilfe provozierter Situationen vollzogen werden. Häufig geht mit diesem Transit auch ein Ortswechsel einher, da Sie jetzt bewusst oder unbewusst auch im Lebensumfeld eine sichtbare Veränderung herbeiführen möchten. Die neu erworbene emotionale Unabhängigkeit kann nicht immer gleich problemlos gelebt werden, oft kommt es zu Identitätskrisen und Orientierungsschwierigkeiten – Sie wissen eine Zeit lang nicht so recht, wo Sie eigentlich hingehören. So können sich Stimmungsschwankungen ergeben, die im Extremfall sogar manisch-depressive Züge tragen. Dies klingt dramatischer, als es ist, denn solch einschneidende Lebensveränderungen gehen an niemandem spurlos vorüber, egal, wie positiv sie auch sein mögen.

Lernaufgabe und Herausforderung ist hier, mit der Vergangenheit wirklich endgültig abzuschließen und bewusste Schritte zu unternehmen, um nicht in späteren Lebensphasen Gefühlsbindungen nachzutrauern, die Sie schon lange hinter sich gelassen haben.

Konjunktion des Radix-Uranus mit dem Transit-Mond

Entspricht auch der Konjunktion zwischen dem laufenden Herrscher von Haus vier und dem Herrscher von Haus elf

Transiten zwischen Uranus und Mond kommt für sich allein genommen nur selten eine herausragende Bedeutung zu. Dies gilt ja allgemein für die schnell laufenden Planeten. Die Gültigkeitsdauer dieser Transite ist nur kurz und ihr Einfluss eher gering. In stärkstem Maße treffen solche Bewertungen auf den laufenden Mond zu. Bei den übrigen Wandelsternen liegt die Wirkungsdauer eines Transits niemals unterhalb eines Tages. Mond-Aspekte gelten gerade einmal für etwa zwei Stunden vor und nach ihrer Exaktheit.

Möglicherweise befinden Sie sich für einige Stunden in einer aufgekratzten bis überspannten Stimmung.

Sie können diesen Transit jedoch auch nutzen, um darüber nachzudenken, in welchen Lebensbereichen Sie noch mehr Eigenständigkeit und Unabhängigkeit erwerben sollten, um wirklich in den Genuss der Freiräume zu kommen, die Sie für sich beanspruchen. Wenn derartige Überlegungen konsequent in die Tat umgesetzt werden, ergeben sich oft ausgesprochen positive Auswirkungen für die berufliche Entwicklung und das persönliche Selbstwertgefühl.

Spannungsaspekte (Opposition und Quadrat) des Radix-Mondes mit dem Transit-Uranus

Entsprechen auch Spannungsaspekten zwischen dem laufenden Herrscher von Haus elf und dem Herrscher von Haus vier

Dieser Transit konfrontiert Sie mit den Konsequenzen früherer Handlungen. Es ist möglich, dass Sie die Chance hatten, eine sichere Position zugunsten einer riskanteren, aber wesentlich geeigneteren aufzugeben, aber nicht den Mut hierzu aufbringen konnten. Jetzt befinden Sie sich in einer Situation, wo Sie diesen unterlassenen Schritt bereuen, da Sie jetzt gezwungen sind, Dinge zu tun, die

Ihren Überzeugungen zuwiderlaufen. Auch das andere Extrem ist möglich, nämlich dass Sie jetzt die Folgen einer allzu riskanten Unternehmung ausbaden müssen.

In beiden Fällen geraten Sie unter Druck und sind desorientiert. Das Beste ist, Sie bemühen sich darum, die Dinge so neutral und objektiv zu beurteilen, wie es Ihnen nur möglich ist. Hierbei kann der Rat wirklich guter und vertrauter Freunde sehr helfen. Sie sollten jetzt auf keinen Fall übereilt handeln. Denn obwohl Sie glauben, dass jetzt schnellstens etwas geschehen muss, haben Sie nun doch einige Monate Zeit, Ihre Entscheidungen zu überdenken. Sie werden selbst feststellen, dass Ihre Ansichten stark von Ihrer momentanen Stimmung geprägt sind. Ihr Gefühl ist deshalb jetzt kein guter Ratgeber. Ein weiterer Grund für Ihre Entscheidungsschwierigkeiten kann darin liegen, dass es keinen eindeutig richtigen Weg gibt, sondern dass Sie zwischen mehreren mehr oder weniger gleich guten bzw. gleich schlechten Möglichkeiten wählen müssen.

In dieser Lage sollten keine grundsätzlichen Veränderungen der bisherigen Situation vorgenommen werden, außer dies ist aufgrund äußerer Umstände wirklich unvermeidlich.

Spannungsaspekte (Opposition und Quadrat) des Radix-Uranus mit dem Transit-Mond

Entsprechen auch Spannungsaspekten zwischen dem laufenden Herrscher von Haus vier und dem Herrscher von Haus elf

Der Mondübergang über die Position des Uranus kann auf einen durch äußere Umstände verursachten plötzlichen Stimmungsumschwung hinweisen. Vermutlich werden Sie in emotionaler Hinsicht überzogen reagieren und für Ihr persönliches Umfeld vermutlich kein leichter Umgang sein.

Wenn Sie wollen, können Sie in dieser Situation damit experimentieren, dass Sie versuchen, Standpunkte und Ansichten einzunehmen, die Ihnen überhaupt nicht entsprechen. Insbesondere wenn Sie an einem wichtigen Problem arbeiten und gerade keine

Fortschritte mehr erzielen können, kann es Ihnen gelingen, auf unkonventionelle Möglichkeiten zu kommen, die Sie einer Lösung näherbringen.

Harmonische Aspekte (Trigon und Sextil) des Radix-Mondes mit dem Transit-Uranus

Entsprechen auch harmonischen Aspekten zwischen dem laufenden Herrscher von Haus elf und dem Herrscher von Haus vier

Persönliche Neigungen und Interessen erweisen sich in beruflicher Hinsicht als nützlich und förderlich. Möglicherweise sind Sie in irgendeinem Bereich unersetzlich, da es außer Ihnen niemanden gibt, der für die anstehenden Aufgaben geeignet wäre. Aus diesem oder einem anderen Grund werden Sie vermutlich Sonderkonditionen erhalten, die den Rahmen des Üblichen sprengen und Ihren persönlichen Wünschen besonders entgegenkommen. Kollegen oder Bekannte, die Ihre Überzeugungen teilen, werden Ihnen sehr nützen.

Dieser Transit symbolisiert in harmonischer, evolutionärer Weise spannende, aufregende und angenehme Veränderungen in Ihrem Leben. Situationen, in denen Sie in der Vergangenheit bereit waren, Risiken einzugehen, zahlen sich jetzt aus. Unerwartet öffnen sich Ihnen Türen, die Möglichkeiten zu einer angenehmen Verbindung von Beruf und Privatleben aufzeigen.

Harmonische Aspekte (Trigon und Sextil) des Radix-Uranus mit dem Transit-Mond

Entsprechen auch harmonischen Aspekten zwischen dem laufenden Herrscher von Haus vier und dem Herrscher von Haus elf

Dieser Transit wird nur der Vollständigkeit halber aufgeführt, da seine Auswirkungen extrem schwach sind und die Gültigkeitsdauer nur zwei Stunden beträgt.

Möglicherweise sind Sie in der Stimmung, ein wenig zu experimentieren oder etwas Neues auszuprobieren. Wahrscheinlich sind Sie guter Stimmung und zu Späßen aufgelegt. Falls Sie auf einen Geistesblitz warten, so haben Sie jetzt gute Chancen.

Mond-Neptun-Transite

Prinzip: überhöhte Empfindsamkeit

Konjunktion des Radix-Mondes mit dem Transit-Neptun

Entspricht auch der Konjunktion zwischen dem laufenden Herrscher von Haus zwölf und dem Herrscher von Haus vier

Dieser Planetenübergang geht immer mit einer explosionsartigen Steigerung der subjektiven Wahrnehmungsfähigkeit einher. Das heißt allerdings nicht, dass dies den Nativen bewusst wäre. Nichts kündigt die Veränderung an, zumindest nichts Offensichtliches. Es können Verwirrungszustände und Desorientierung auftreten, da mit einem Mal längst vergessene Empfindungen und Erlebnisse das Bewusstsein regelrecht überschwemmen, ohne dass Ihnen jemand Informationen darüber geben könnte, was da eigentlich mit Ihnen vorgeht.

Die Intensivierung innerseelischer Vorgänge bis hin zur Sensitivität geht immer mit einer Schwächung der körperlichen und psychischen Robustheit einher. Möglicherweise reagieren Sie jetzt überempfindlich auf Situationen, die Ihnen sonst nichts ausmachen, vielleicht entwickeln sie Allergien oder leiden verstärkt unter Erkältungen. In der Regel sind derartige Entsprechungen weder bedeutsam noch gefährlich. Sie schaffen lediglich Kanäle, durch die sich unbewusste und überbewusste Inhalte manifestieren können. Je schneller Sie diesen Umstand akzeptieren, umso besser. Sie werden in den Monaten des Transits mehr träumen als sonst. Möglicherweise sind Ihre Träume besonders lebhaft und farbig. Vermutlich sind die Inhalte nicht immer offensichtlich zu verstehen, und Sie werden mit allen möglichen irritierenden Seltsamkeiten konfrontiert. Wann immer Sie Gelegenheit dazu haben, sollten Sie diese einmalige Chance nutzen, denn diesen Transit haben Sie nur einmal im Leben. Besser als zu irgendeinem anderen Zeitpunkt können Sie jetzt sich selbst kennenlernen. Sie erhalten einen besseren Zugang zu verschütteten Seeleninhalten, als ihn die kompetenteste Psychoanalyse eröffnen könnte. Das Tor, das nun weit offen steht, wird sich in einigen Monaten wieder verschließen und nie mehr öffnen. Deshalb sollten Sie versuchen, soviel über sich zu erfahren, wie Sie nur können. Versuchen Sie Ihre Erkenntnisse festzuhalten, zum Beispiel indem Sie gründlich und gewissenhaft Tagebuch führen. Notieren Sie sich auch Einsichten, die Ihnen jetzt zu offensichtlich erscheinen, um festgehalten zu werden. In einigen Monaten oder Jahren können sie Ihnen unschätzbare Dienste leisten. Am besten halten Sie Ihre Einsichten in der Art und Weise fest, in der Sie sie einem guten Freund erklären würden. So gehen Sie sicher, dass Sie nichts als selbstverständlich voraussetzen – denn das ist es schon bald nicht mehr.

Manche anerkannten Autoren vertreten die Ansicht, dies sei ein günstiger Zeitraum, um mit dem Totenreich Verbindung aufzunehmen, eine Ermunterung für spiritistische Experimente also. Abgesehen davon, dass es über den Wert von Jenseitskontakten sehr geteilte Meinungen gibt, sind solche Versuche durchaus nicht ohne Risiko. Mir sind Fälle bekannt, in denen diese im Suizid oder in der psychiatrischen Klinik endeten. Auch wenn es nicht so weit kommen muss, der Neptunübergang ist die wertvollste Konstellation überhaupt, um mit sich selbst und seinem Leben ins Reine zu kommen, es wäre Verschwendung, diese Energie für andere Erfahrungen zu vergeuden.

Konjunktion des Radix-Neptun mit dem Transit-Mond

Entspricht auch der Konjunktion zwischen dem laufenden Herrscher von Haus vier und dem Herrscher von Haus zwölf

Der Mondübergang dauert nur wenige Stunden an und ist ein geeigneter Zeitraum zur Kontemplation. Die Bewältigung praktischer Arbeiten funktioniert nur schlecht, die Aufmerksamkeit nach außen und die Reaktionsfähigkeit sind herabgesetzt. Dafür können Sie Ihren Blick umso besser nach innen richten und einen Zugang zu persönlichsten und verborgensten Beweggründen finden. Empfindungsweisen, Vorlieben und Wünsche, die Sie bei sich nicht verstehen, die Sie womöglich irritieren, können nun verständlich werden, wenn Sie den Mut haben, die Wahrheit zuzulassen. Denn nicht ohne Grund bleibt so vieles unseres Wesens im Verborgenen. Dinge, die uns peinlich sind, die uns Angst machen, die in Lebensphasen fallen, mit denen wir heute nichts mehr zu tun haben wollen, wurden verleugnet und beiseitegedrängt, da uns die Auseinandersetzung mit ihnen zu unangenehm war. Das, womit wir uns jetzt konfrontieren können und wollen, wird damit wieder ein reintegrierter Bestandteil unserer Persönlichkeit. Auf diese Weise erhalten wir ein Stück verlorene Kraft zurück.

Spannungsaspekte (Opposition und Quadrat) des Radix-Mondes mit dem Transit-Neptun

Entsprechen auch Spannungsaspekten zwischen dem laufenden Herrscher von Haus zwölf und dem Herrscher von Haus vier

In den Monaten der Gültigkeit des Transits besteht die Gefahr, das Opfer von illusionären Hoffnungen und Betrügereien zu werden. Schlimmstenfalls glauben Sie selbst, mit der einen oder anderen Manipulation den Weg zur Lösung eines Problems abkürzen zu können. In Wahrheit schaffen Sie sich damit nur noch mehr Schwierigkeiten.

Vermutlich gibt es Menschen in Ihrem sozialen Umfeld, die nur auf eine Gelegenheit warten, um Ihnen schaden zu können, zum Beispiel indem sie unerfreuliche Gerüchte über Sie in Gang setzen. Das allein ist sicherlich schon unangenehm genug. Geben Sie solchen Intriganten nicht noch die Chance, ihre Verleumdungen beweisen zu können!

Alles, woran Sie in dieser Zeit Ihr Herz hängen könnten, unterliegt dem Risiko des Selbstbetrugs. Insbesondere im Partnerschaftsbereich können verhängnisvolle Fehlentscheidungen getroffen werden. Bevor Sie eine Trennung vollziehen oder eine neue Bindung eingehen, sollten Sie Ihre Gefühle so kritisch und so gründlich wie nur irgend möglich prüfen. Emotionale Fehlentscheidungen können jetzt außerordentlich gravierend sein und Ihr Leben für viele Jahre negativ beeinflussen.

Spannungsaspekte (Opposition und Quadrat) des Radix-Neptun mit dem Transit-Mond

Entsprechen auch Spannungsaspekten zwischen dem laufenden Herrscher von Haus vier und dem Herrscher von Haus zwölf

Das ist kein allzu bedeutsamer Transit. In den Stunden, in denen dieser Transit Gültigkeit hat, werden Sie vermutlich nicht besonders treffsicher in Ihren Annahmen und Vermutungen sein. Vielleicht ziehen Sie irgendwelche Heimlichkeiten in Erwägung, mit denen Sie sich aber nicht wirklich wohlfühlen. Hiervon sollten Sie die Finger lassen, da Sie von falschen Voraussetzungen ausgehen. Im besten Falle verschwenden Sie Ihre Energie, im schlimmsten fügen Sie sich ernsthaft und langfristig Schaden zu.

Wenn Sie wollen, können Sie diesen Transit dafür verwenden, sich mit Ihren Illusionen und Enttäuschungen auseinanderzusetzen. Sie können sich jetzt besser als sonst an die Pannen in Ihrem Leben erinnern, in denen Sie Trugschlüssen erlagen oder das Opfer der einen oder anderen Betrügerei wurden. Es geht natürlich nicht darum, alte Wunden wieder aufzureißen. Doch Sie können etwas über Ihre Schwachpunkte herausbekommen, die Sie immer wieder in Fallen tappen lassen, welche Sie eigentlich vermeiden könnten.

Wenn ein guter Geschäftsmann weiß, dass er nach dem zweiten Glas Whisky so ziemlich jeden Vertrag unterschreibt, dann wird er sich hüten, mit einem Verhandlungspartner vor Vertragsabschluss auch nur einen Tropfen Alkohol zu trinken. In ähnlicher Weise können Sie jetzt Wege finden, Ihre persönlichen Schwachpunkte zu umgehen. Auf diese Art lernen Sie eine Menge über sich selbst und werden im praktischen Leben erfolgreicher und effektiver.

Harmonische Aspekte (Trigon und Sextil) des Radix-Mondes mit dem Transit-Neptun

Entsprechen auch harmonischen Aspekten zwischen dem laufenden Herrscher von Haus zwölf und dem Herrscher von Haus vier

Es ist eine angenehme Zeit gesteigerter Emotionalität. Für Sentimentalitäten jeder Art sind Sie jetzt empfänglicher als sonst. Derartigen Empfindungen sollten Sie ruhig nachgeben, auch wenn Ihnen dies gelegentlich ein wenig peinlich erscheinen mag. Letztlich wird es Ihnen guttun und Vorteile bringen.

Ohne nervlich angespannt zu sein, haben Sie jetzt doch einen ausgesprochen feinen und guten Riecher. Es ist praktisch unmöglich, Sie zu hintergehen. Wem es dennoch gelingt, gegen Sie zu intrigieren, der wird damit sich selbst schaden und Ihnen nützen.

Sie sollten sich weder geheimniskrämerisch geben noch Ihre Karten aufdecken, denn Freunde, Bekannte und Kollegen mögen Sie gerade jetzt besonders wegen der Eigenheiten, in denen Sie undurchschaubar sind. Gönnen Sie Ihrer Umgebung die Freude, und belassen Sie es dabei. Andernfalls wirken Sie wie ein Zauberer, der seine besten Tricks verrät und damit nicht Anerkennung, sondern lediglich Enttäuschung erntet.

Harmonische Aspekte (Trigon und Sextil) des Radix-Neptun mit dem Transit-Mond

Entsprechen auch harmonischen Aspekten zwischen dem laufenden Herrscher von Haus vier und dem Herrscher von Haus zwölf

Dies ist ein recht schwacher Transit, der vermutlich völlig unbemerkt an Ihnen vorübergeht, wenn Sie sich nicht entschließen, ihn aktiv für sich nutzbar zu machen.

Die effektivste Möglichkeit wäre, dass Sie sich ein wenig Zeit nehmen, um darüber nachzudenken, in welchen Situationen in Ihrem Leben Sie das richtige Gespür, den richtigen Riecher hatten. Versuchen Sie mehrere Situationen miteinander zu vergleichen und finden Sie die Gemeinsamkeiten in den Begleitumständen heraus. Es kann sich um die seltsamsten und nebensächlichsten Details handeln. Vielleicht hatten Sie Ihre besten Eingebungen in einem bestimmten Zimmer oder wenn Sie ein bestimmtes Getränk getrunken hatten, nach der Lektüre eines bestimmten Buches oder was auch immer. Wenn Sie wieder einmal in eine Situation kommen, die sie nicht mit dem Kopf allein entscheiden können, so sollten Sie diese Begleitumstände für sich nutzen. Wenn Sie zusätzlich noch den Übergang des Monds über Neptun oder seine positiven Aspektstellen wählen, haben Sie gute Aussichten für den richtigen Einfall.

Prinzip: emotionale Dogmatik

Konjunktion des Radix-Mondes mit dem Transit-Pluto

Entspricht auch der Konjunktion zwischen dem laufenden Herrscher von Haus acht und dem Herrscher von Haus vier

Dieser Transit kann nur ein einziges Mal im Leben eines Menschen Vorkommen. Er ist von größter Bedeutung und Intensität.

In den Monaten, in denen der Pluto über den Radix-Mond geht, können sich emotionale und unbewusste Inhalte derart verstärken und verdichten, dass sich ganz außergewöhnliche emotionale Erfahrungen einstellen. Archaische Urthemen drängen aus dem Unbewussten in das Erleben. Finale Themen wie Leidenschaft, Hass, Gewalt, Sexualität und Tod nehmen im Seelenleben und auch im äußeren Geschehen Gestalt an.

Wenn der Horoskopeigner versucht, sich diesem Prozess zu verweigern, was unsinnig, weil unmöglich ist, können Angstzustände und Panikattacken Platz greifen. Das Gefühl der Bedrohung vermag sich so zu steigern, dass sich tatsächlich Unfälle und Verletzungen ergeben können.

Lassen wir uns jedoch auf die Erfahrung ein, so eröffnet sich die Möglichkeit, das Wirken von Kräften in uns zu verstehen, die weit über das Individuelle hinausgehen. Die Erlebnisse während des Transits können deshalb im wahrsten Sinne des Wortes überwältigend sein. Der Native kann mit Empfindungen konfrontiert werden, deren Intensität alles übersteigt, was er im bisherigen Leben für möglich gehalten hätte. Sie gehen unserem Erleben im wahrsten Sinne auf den Grund; das heißt, wir können am eigenen Leib erfahren, dass sämtliche Auslöser für unsere Gefühle tatsächlich immer nur die Auslöser, aber niemals die Ursache sind. Die Ursache unseres Erlebens liegt darin, dass bestimmte Empfindungen aus sich selbst heraus erlebt werden müssen. Sie sind zwar in uns, aber nur in einem sehr begrenzten Sinne Teil unserer Persönlichkeit. Wahnsinnige Eifersucht oder blinder Hass sind Gefühle, die einen Menschen überwältigen und beherrschen. Wenn er in der Lage wäre, diese Empfindungen zu kontrollieren, hätte er sie gar nicht, da sie die Kontrolle ja bereits zerstört.

Diese Urgefühle sind allen Menschen gemeinsam, fast scheint es so, als bestünden sie unabhängig von uns.

So kann uns dieser machtvolle Transit lehren, in unseren persönlichsten und intimsten Empfindungen das Wirken rein kollektiver Kräfte zu erkennen. Anders ausgedrückt vermag auf höchster Ebene der Pluto-Übergang die Erfahrung zu vermitteln, dass unsere geliebte und verehrte Individualität letztlich in wesentlichen Punkten nur eine Illusion ist.

Konjunktion des Radix-Pluto mit dem Transit-Mond

Entspricht auch der Konjunktion zwischen dem laufenden Herrscher von Haus vier und dem Herrscher von Haus acht

Wenn Sie ein schwaches Gedächtnis haben und sich dennoch viel merken wollen oder müssen, so sollten Sie es einmal mit einem Mond-Transit über den Pluto versuchen. Alles, was Sie sich während dieses Übergangs einprägen, wird Ihnen besser und länger im Gedächtnis haften bleiben als sonst.

Es ist jedoch auch eine günstige Gelegenheit, um über Grundsätzliches nachzudenken, wie den Sinn des Lebens, Schuld und Sühne oder den Tod. Sie können sich jetzt hervorragend über Ihre Einstellungen klar werden, indem Sie ihre eigenen Standpunkte einer rigorosen Nagelprobe unterwerfen. Zum Beispiel könnten Sie sich als überzeugter Pazifist einmal Szenarien ausmalen, in denen das Leben von Partnern oder Freunden bedroht ist und Sie sich entscheiden müssten, ob Sie ihre Gewaltlosigkeit aufgeben – oder aber den Tod von Nahestehenden in Kauf nehmen.

Falls Sie im Gegenteil für die Freigabe von Schusswaffen sind, können Sie über die Konsequenzen nachdenken, die sich ergeben, wenn ein geisteskranker Waffennarr Amok läuft. Selbstverständlich können Sie dieses Gedankenexperiment auch zu erfreulichen Themen anstellen. In jedem Fall wird es Ihnen helfen herauszufinden, was Sie wirklich meinen und welchen Preis Sie für Ihren Standpunkt zu zahlen bereit sind.

Als Folge einer derartigen Übung werden Sie im Alltag klarer und bestimmter auftreten. Sie werden weniger mit diffusen Schuldgefühlen reagieren und die Verantwortung für die Konsequenzen Ihrer Handlungen übernehmen können.

Spannungsaspekte (Opposition und Quadrat) des Radix-Monds mit dem Transit-Pluto

Entsprechen auch Spannungsaspekten zwischen dem laufenden Herrscher von Haus acht und dem Herrscher von Haus vier

Dieser Transit ist nur ein- bis zweimal im Leben möglich und damit von entsprechender Bedeutsamkeit.

Verbindlichkeiten, die Sie in der Vergangenheit eingegangen sind, können jetzt zu einer kaum erträglichen Einengung werden. Dies kann die Partnerschaft, den Beruf sowie jede andere Form der Verpflichtung betreffen. Obwohl Sie sich mit dem Herzen nicht mehr für bestimmte Bindungen begeistern können, sehen Sie doch keine Chance freizukommen. Ängste und Beklemmungsgefühle sind möglich.

Ob es Ihnen gefällt oder nicht, Sie müssen jetzt doch zu sehr grundsätzlichen Entscheidungen kommen. Wenn Sie sich nun aus Verträgen oder Partnerschaften lösen, wird dies ausgesprochen weitgehende Konsequenzen für Ihr gesamtes weiteres Leben haben. Eine angenehme und unproblematische Beendigung ist keinesfalls möglich. Sie werden kämpfen müssen – gegen den Widerstand der anderen und gegen Ihre eigenen Schuldgefühle. Die Beurteilung, inwieweit Ihre Skrupel zu Recht bestehen oder doch nur eine Rechtfertigung Ihrer Entscheidungsschwäche darstellen, kann Ihnen niemand abnehmen.

Andererseits wird sich der Transit auch so auswirken, dass Sie Verantwortung übernehmen müssen für Dinge, um die Sie sich lange erfolgreich herumdrücken konnten. Wenn Sie sich jetzt weiter verweigern, werden Sie höchstwahrscheinlich in große Schwierigkeiten kommen.

Spannungsaspekte (Opposition und Quadrat) des Radix-Pluto mit dem Transit-Mond

Entsprechen auch Spannungsaspekten zwischen dem laufenden Herrscher von Haus vier und dem Herrscher von Haus acht

Vermutlich fühlen Sie sich in den Stunden des Transits in einer etwas eigentümlichen und düsteren Stimmung. Diffus und unpräzise sind Sie von dem Gefühl erfüllt, dass es ums Ganze geht, ohne angeben zu können, was dieses Ganze denn genau sein soll.

Sie können die Chancen dieses Aspektes besonders wirkungsvoll nutzen, indem Sie versuchen, zu endgültigen Entscheidungen zu kommen. Dies kann die Auflösung von Verträgen, das Eingehen einer Ehe oder auch ein Umzug sein. Besser als sonst werden Sie spüren können, welche Ängste Sie davon abhalten, das zu tun, was Sie eigentlich tun möchten. Da Ihnen andererseits alle denkbaren negativen Konsequenzen bewusst werden, können Sie Ihre Risiken genau abschätzen. Pläne, die Sie trotz Ihrer Befürchtungen verwirklichen wollen, sollten Sie nicht länger hinausschieben. ###

Harmonische Aspekte (Trigon und Sextil) des Radix-Monds mit dem Transit-Pluto

Entsprechen auch harmonischen Aspekten zwischen dem laufenden Herrscher von Haus acht und dem Herrscher von Haus vier

Hier ergeben sich lang andauernde Phasen emotionaler Autorität und Stabilität. Wenn Sie etwas wollen, wird dies für die Dauer des Transits für Ihre Umgebung eine so starke Suggestivwirkung haben, dass sich nur wenige Ihren Wünschen verschließen können. So neigen Freunde und Partner jetzt in besonderem Maße dazu, sich Ihren Stimmungen unterzuordnen. Dies wird jedoch keinesfalls als Unterdrückung oder als Übergriff empfunden, vielmehr erzeugt dies ein Gefühl seelischer Übereinkunft, das Nähe, Vertrautheit und Geborgenheit erzeugt.

Alle persönlichen Entscheidungen, die Sie jetzt treffen, werden außergewöhnlich lange Bestand haben und sich in aller Regel zu Ihrem Vorteil auswirken.

Harmonische Aspekte (Trigon und Sextil) des Radix-Pluto mit dem Transit-Mond

Entsprechen auch harmonischen Aspekten zwischen dem laufenden Herrscher von Haus vier und dem Herrscher von Haus acht

Dieser Transit ist eher unbedeutend und wird auch von sensiblen Menschen meist nur schwach empfunden.

Die emotionale Klarheit wird stimuliert, deutlich und präzise können Sie unterscheiden, was Ihnen gefällt und was nicht. So ist es jetzt eine gute Gelegenheit, Dinge zu entscheiden, in denen Sie sich gefühlsmäßig unsicher waren. Sie werden verblüfft sein, wie wenig während des Mondübergangs von dieser Unsicherheit noch spürbar ist.

Eine weitere Nutzungsmöglichkeit ist das Nachdenken über Menschen, denen Sie sich seelisch verbunden fühlen. Sie können besser als sonst nachempfinden, was Sie ihnen verdanken, wie viel Halt sie Ihrem Leben geben und was Sie ihnen schulden.

Merkur-Aspekte

Prinzip: ausgleichendes Denken

Konjunktion des Radix-Merkur mit der Transit-Venus

Entspricht auch der Konjunktion zwischen dem laufenden Herrscher von Haus zwei und sieben und dem Herrscher von Haus drei und sechs

Transiten zwischen Merkur und Venus kommt für sich allein genommen nur selten eine herausragende Bedeutung zu. Dies gilt für alle schnell laufenden Planeten. Die Gültigkeitsdauer dieser Transite ist nur kurz und ihr Einfluss eher gering.

Das Bedürfnis nach Ästhetik und Harmonie überlagert das rationale Denken und die Vernunft. Um des lieben Friedens willen sind Sie bereit, Dinge hinzunehmen, mit denen Sie eigentlich überhaupt nicht einverstanden sind. Oft wirken Sie in dieser Phase besonders attraktiv auf andere. Möglicherweise gehen deshalb viele Menschen auf Sie zu, suchen Kontakt oder versuchen diesen zu intensivieren.

Das kann allerdings auch zu der bereits beschriebenen Schwierigkeit führen, aufgrund mangelnder Abgrenzungsfähigkeit mehr Kontakte einzugehen und zu pflegen, als Sie eigentlich wollen, sodass das rege Interesse an der eigenen Person nicht nur als Kompliment, sondern vor allem als Bedrängung empfunden wird.

Der Venus-Transit über dem Radix-Merkur ist ein ungünstiger-Zeitraum, um geschäftliche Verhandlungen zu führen oder sich mit Sachthemen analytisch auseinanderzusetzen.

Konjunktion der Radix-Venus mit dem Transit-Merkur

Entspricht auch der Konjunktion zwischen dem laufenden Herrscher von Haus drei und sechs und dem Herrscher von Haus zwei und sieben

Die Gültigkeitsdauer dieses Transits beträgt insgesamt etwa zwei Tage. Dies ist eine gute Gelegenheit, um sich mit Kunst und

Ästhetik zu beschäftigen. Vielleicht haben Sie Lust, eine Ausstellung oder eine Galerie zu besuchen.

Es ist möglich, dass jetzt Gespräche stattfinden, die dazu beitragen, Missverständnisse zwischen Ihnen und den Menschen in Ihrer persönlichen Umgebung zu bereinigen.

Eine weitere Manifestationsform sind Nachrichten oder Geschäfte, die Ihrer finanziellen Situation nützlich sind.

Spannungsaspekte (Opposition und Quadrat) des Radix-Merkur mit der Transit-Venus

Entsprechen auch Spannungsaspekten zwischen dem laufenden Herrscher von Haus zwei und sieben und dem Herrscher von Haus drei und sechs

Da dieser Transit als Radixkonstellation nicht vorkommen kann, ist seine praktische Bedeutung gering. Vermutlich wird an diesem Tag unser Interesse von Dingen in Anspruch genommen, mit denen wir in Wahrheit gar nichts anfangen können. Vielleicht wollen Sie sich bei jemandem einschmeicheln und reden über Dinge, von denen Sie nichts verstehen. Da dies Ihren Gesprächspartnern nicht verborgen bleibt und Sie sich nur Nachteile verschaffen, sollten Sie das besser lassen.

Spannungsaspekte (Opposition und Quadrat) der Radix-Venus mit dem Transit-Merkur

Entsprechen auch Spannungsaspekten zwischen dem laufenden Herrscher von Haus drei und sechs und dem Herrscher von Haus zwei und sieben

Da auch diese Konstellation aus astronomischen Gründen im Geburtshoroskop nicht vorkommt, ist ihre Bedeutung als Transit ebenfalls gering. Ein Umstand, der seltsamerweise in der zeitgenössischen Astrologie kaum Beachtung findet.

Am heutigen Tag können sich Kommunikationsprobleme ergeben, zum Beispiel indem Sie sich vorteilhaft oder missverständlich darstellen. Ihre persönlichen Stärken werden nicht wahrgenommen oder falsch eingeschätzt. Es ist deshalb nicht unbedingt der geeignete Zeitpunkt, um ein Einstellungsgespräch zu führen. Alle geschäftlichen Transaktionen, bei denen Sie mit Ihrem Kapital haften, sollten unterbleiben.

Harmonische Aspekte (Trigon und Sextil) des Radix-Merkur mit der Transit-Venus

Entsprechen auch harmonischen Aspekten zwischen dem laufenden Herrscher von Haus zwei und sieben und dem Herrscher von Haus drei und sechs

Dieser Transit wirkt nicht besonders stark. Günstige äußere Umstände geben Ihnen Gelegenheit, sich ins rechte Licht zu rücken. Durch geschicktes Agieren gelingt es Ihnen, alle sich bietenden Möglichkeiten zu nutzen. Sie wirken auf Ihre Umgebung besonders anziehend, sodass andere verstärkt versuchen, mit Ihnen in Kontakt zu treten. Sie können die Chance für sich ausnutzen und in für Sie interessanten Punkten Zugeständnisse erreichen, die sonst nicht möglich sind. Natürlich sollten Sie alle Übertreibungen und falschen Versprechungen vermeiden. Die sich hieraus ergebenden Vorteile würden schnell in sich zusammenfallen und sich kurze Zeit später gegen Sie wenden.

Harmonische Aspekte (Trigon und Sextil) der Radix-Venus mit dem Transit-Merkur

Entsprechen auch harmonischen Aspekten zwischen dem laufenden Herrscher von Haus drei und sechs und dem Herrscher von Haus zwei und sieben

Eine Entsprechung des Transits wäre, dass Sie eine angenehme Nachricht erhalten, die Ihnen schmeichelt oder Ihnen finanzielle Vorteile verschafft.

Sie wissen genau, womit Sie Interesse bei anderen erzeugen können. Es ist deshalb ein guter Tag für geschäftliche Verhandlungen und private Verabredungen. Investitionen, die Sie heute tätigen, werden sich mit hoher Wahrscheinlichkeit gewinnbringend auszahlen.

Merkur-Mars-Transite

Prinzip: aggressives Denken

Konjunktion des Radix-Merkur mit dem Transit-Mars

Entspricht auch der Konjunktion zwischen dem laufenden Herrscher von Haus eins und dem Herrscher von Haus drei und sechs

Mars-Transite über den Merkur haben eine Gültigkeit von etwa einer Woche. In dieser Zeit sind Sie in der Lage, schnell und instinktiv richtige Entscheidungen zu treffen. Diese Fähigkeit sollten Sie auch nutzen, da Ihnen jemand Schwierigkeiten bereiten will und Sie wachsam sein müssen, um im richtigen Moment angemessen zu reagieren.

Möglicherweise kommt es in dieser Zeit vermehrt zu Streit und Diskussionen. Auch wenn Sie sich hierbei gelegentlich persönlich angegriffen oder gar bedroht fühlen, sollten Sie zwar bestimmt und kämpferisch, aber nicht überzogen reagieren. Zum einen sind Sie der Situation gewachsen, sodass keine ernsthafte Gefährdung vorliegt, zum anderen setzen Sie zu der Zeit instinktiv mehr Kräfte frei, als Ihnen bewusst ist.

Es ist eine gute Gelegenheit für sportliche Aktivitäten, insbesondere Leichtathletik und Laufen.

Konjunktion des Radix-Mars mit dem Transit-Merkur

Entspricht auch der Konjunktion zwischen dem laufenden Herrscher von Haus drei und sechs und dem Herrscher von Haus eins

Die Gültigkeitsdauer dieses Transits beträgt insgesamt etwa zwei Tage. Eine Nachricht, zum Beispiel ein Brief, wird in diesen Tagen

Ihre Gefühle in Aufruhr bringen. Es kann sich hier um einen Wettkampf, ein mögliches sexuelles Abenteuer, aber auch um eine beleidigende Kritik an Ihrer Person oder eine direkte Auseinandersetzung handeln.

Wenn Sie schnell und flexibel handeln, können Sie von der Situation profitieren. Hierbei ist jedoch zu beachten, dass Sie nicht unbedingt so reagieren sollten, wie andere dies von Ihnen erwarten. Möglicherweise möchte jemand Sie zu heftigen und unbedachten Aktionen provozieren, um Ihnen damit eine Falle zu stellen. Versuchen Sie Ihre Gegner durch originelle Schachzüge zu verwirren.

Spannungsaspekte (Opposition und Quadrat) des Radix-Merkur mit dem Transit-Mars

Entsprechen auch Spannungsaspekten zwischen dem laufenden Herrscher von Haus eins und dem Herrscher von Haus drei oder sechs

Eine Situation oder eine Person fordern Sie dazu heraus, Ihre Meinung deutlich zu sagen und gegen Kritik zu verteidigen. Sie sollten sich nicht in einen Streit verwickeln lassen, da Sie heute die Neigung haben, etwas zu heftig zur reagieren. Falls sich dies nicht vermeiden lässt, so sollten Sie nur Argumente verwenden, die Sie sich bereits früher gut überlegt haben und auch bei jeder anderen Gelegenheit vorbringen würden. Physische Auseinandersetzungen wie Wettkämpfe und Prügeleien bringen eine deutlich erhöhte Verletzungsgefahr mit sich.

Da Ihre Reflexe übermäßig reagieren, ergeben sich eventuell Fahrfehler im Straßenverkehr, die auch zu Unfällen führen können. Das Gleiche gilt für das Lenken von Maschinen sowie den Umgang mit Waffen und Vorgängen, die eine erhöhte Koordinationsfähigkeit erfordern.

Spannungsaspekte (Opposition und Quadrat) des Radix-Mars mit dem Transit-Merkur

Entsprechen auch Spannungsaspekten zwischen dem laufenden Herrscher von Haus drei oder sechs und dem Herrscher von Haus eins

Bei diesem Transit, der etwa zwei Tage Gültigkeit hat, sollten Sie aufpassen, was Sie sagen. Nur zu leicht können Sie sich zu aggressiven und verletzenden Äußerungen hinreißen lassen, die Sie in Teufels Küche bringen. Insbesondere in Diskussionen und Briefwechseln ist Zurückhaltung angebracht.

Falls Sie mit Kindern oder Jugendlichen zu tun haben, sollten Sie sich im Umgang mit ihnen nicht provozieren lassen. Ein scheinbar harmloses Kräftemessen kann zu körperlichen oder seelischen Verletzungen führen.

Dieser Transit ist eine gute Gelegenheit, um darüber nachzudenken, wie Sie sich gegen Beleidigungen und Übergriffe besser zur Wehr setzen können. Handeln sollten Sie allerdings erst in einigen Tagen, wenn diese Konstellation vorüber ist.

Harmonische Aspekte (Trigon und Sextil) des Radix-Merkur mit dem Transit-Mars

Entsprechen auch harmonischen Aspekten zwischen dem laufenden Herrscher von Haus eins und dem Herrscher von Haus drei oder sechs

Vermutlich sind Sie heute körperlich besonders leistungsfähig. Sie haben die Energie, Ihre kurzfristigen Pläne energisch in die Tat umzusetzen.

Da Sie Ihre Ansichten unmissverständlich vertreten, ohne damit andere zu maßregeln oder zu verletzen, können Sie sich auch durchsetzen.

In sportlicher Hinsicht haben Sie heute sehr gute Reflexe und eine hohe Koordinationsfähigkeit. Für Wettkämpfe und hartes Training ist dieser Tag deshalb besonders geeignet.

Harmonische Aspekte (Trigon und Sextil) des Radix-Mars mit dem Transit-Merkur

Entsprechen auch harmonischen Aspekten zwischen dem laufenden Herrscher von Haus drei und sechs und dem Herrscher von Haus eins

Dies ist ein guter Tag, um seine Gedanken mündlich oder schriftlich zu formulieren. Wenn es Dinge gibt, die Sie anderen freundlich, aber unmissverständlich mitteilen möchten, so ist jetzt die Gelegenheit dazu.

Merkur-Jupiter-Transite

Prinzip: raumgreifendes Denken

Konjunktion Radix-Merkur mit dem Transit-Jupiter

Entspricht auch der Konjunktion zwischen dem laufenden Herrscher von Haus neun und dem Herrscher von Haus drei und sechs

Dieser Transit gilt, je nach der momentanen Umlaufgeschwindigkeit Jupiters, zirka vier Wochen. Hoffnung, Freude oder gar Euphorie überlagern in dieser Zeitphase das rationale Denken und die Vernunft. Alles geht schnell, sodass Sie gezwungen sind zu improvisieren und nicht auf Analysen und Erfahrungen zurückgreifen können. Langwierige Entscheidungen und durchgeplante Aktionen behindern hier eher den Erfolg. Dies ist eine gute Zeit, um sich darüber Gedanken zu machen, in welchen Bereichen Sie sich mehr engagieren könnten, wo Investitionen sinnvoll wären. Sie werden mit persönlichen Wachstumsmöglichkeiten konfrontiert, die nur darauf warten, genutzt zu werden.

Wenn Sie bisherige Beschränkungen aufgeben und sich neuen Entwicklungen öffnen, kann dieser Transit zu Kontakten mit Personen führen, die Ihnen helfen, Ihren Einfluss zu mehren und Ihren Wirkungsbereich zu erweitern. Sie werden Möglichkeiten erkennen, wie Sie zum Beispiel mehr Geld verdienen können. Diese angenehme Entwicklung kann allerdings nur dann Gestalt annehmen, wenn Sie bereit sind, auch anderen gegenüber großzügiger zu werden. Ein kleinkarierter Mensch macht keine großen Geschäfte, und falls doch, so nutzen sie ihm nichts, zumindest nicht auf Dauer.

Konjunktion Radix-Jupiter mit dem Transit-Merkur

Entspricht auch der Konjunktion zwischen dem laufenden Herrscher von Haus drei und sechs und dem Herrscher von Haus neun

Die Gültigkeitsdauer dieses Transits beträgt insgesamt etwa zwei Tage. In diesem Zeitraum können sich Kontakte ergeben, die für Sie von besonderem Nutzen sind. Möglicherweise erhalten sie Informationen, die Ihnen helfen, Schwierigkeiten, die Sie für unlösbar hielten, zu überwinden.

Ihnen mag bewusst werden, dass Sie bisher einiges zu eng gesehen und damit unnötig Ihre Entfaltungsmöglichkeiten beschränkt haben.

Gelegentlich ergeben sich bei diesem Transit auch glückliche Nachrichten, vor allem im privaten, verwandtschaftlichen und finanziellen Bereich.

Spannungsaspekte (Opposition und Quadrat) des Radix-Merkur mit dem Transit-Jupiter

Entsprechen auch Spannungsaspekten zwischen dem laufenden Herrscher von Haus neun und dem Herrscher von Haus drei und sechs

Dieser Transit dauert etwa vier Wochen. In dieser Zeit haben Sie die Neigung, Ihre Beziehungen zu Ihrer Umgebung falsch einzuschätzen. Menschen, von denen Sie glauben, dass sie auf Ihrer Seite sind, intrigieren möglicherweise gegen Sie. Umgekehrt können Sie Personen mit Misstrauen oder Ablehnung begegnen, die Ihnen in Wahrheit keinerlei Anlass für eine solche Reaktion gegeben haben.

Unbegründeter Optimismus kann sich jetzt kurzfristig mit Missmut und Gereiztheit abwechseln.

Geschäftliche Verhandlungen und vor allem Abschlüsse sollten in diesem Zeitraum nach Möglichkeit vermieden werden. Reisen und die Teilnahme am Straßenverkehr verlangen jetzt eine erhöhte Aufmerksamkeit, da Ihre Reaktionsfähigkeit herabgesetzt ist. So kann diese Konstellation auf der psychischen Ebene Missverständnisse, auf der sozialen Fehlschläge und auf der körperlichen Ebene Unfälle mit sich bringen. All diese Risiken lassen sich überwinden, wenn Sie sich bewusst darum bemühen, jede Form der Selbstüberschätzung und Anmaßung zu vermeiden.

Spannungsaspekte (Opposition und Quadrat) des Radix-Jupiter mit dem Transit-Merkur

Entsprechen auch Spannungsaspekten zwischen dem laufenden Herrscher von Haus drei und sechs und dem Herrscher von Haus neun

Dieser Transit dauert etwa zwei Tage an und hat in der Regel keine besonders intensive Wirkung. Es kann sich hier eine Diskrepanz zwischen der Einsicht in Notwendigkeiten und der fehlenden Möglichkeit ihrer Umsetzung ergeben. Das heißt, Sie haben zwar begriffen, was in einer bestimmten Situation zu tun ist, doch Sie sind nicht in der Lage, die richtigen Schritte zu unternehmen. Die einzige Möglichkeit, mit dieser Tatsache sinnvoll umzugehen, besteht darin, dass Sie es vermeiden, vorschnell zu handeln. Es ist besser, einige Tage zu warten, selbst wenn Sie glauben, dass dies nicht möglich ist, als lange Zeit die Folgen Ihrer Fehlentscheidungen ausbaden zu müssen.

Auch mit der Kritik an Bekannten und Mitarbeitern sollten Sie sich um Zurückhaltung bemühen, da Sie zu der Zeit die Tendenz haben, ungerecht und übertrieben zu reagieren.

Dieser Transit ist eine gute Gelegenheit, darüber nachzudenken, was Sie im Verhältnis zu den Menschen in Ihrer Umgebung alles falsch machen, wo Sie anderen nicht die gebührende Aufmerksamkeit schenken und sich unvorteilhaft oder missverständlich darstellen.

Harmonische Aspekte (Trigon und Sextil) des Radix-Merkur mit dem Transit-Jupiter

Entsprechen auch harmonischen Aspekten zwischen dem laufenden Herrscher von Haus neun und dem Herrscher von Haus drei und sechs

Die Wirkung dieses Transits hält etwa vier Wochen an. Dies ist ein besonders günstiger Zeitraum, um neue Kontakte zu knüpfen und sein Gesichtsfeld zu erweitern.

Das gilt sowohl für den geschäftlichen Bereich als auch in psychologischer Hinsicht. Ihre Aufnahme- und Lernfähigkeit ist deutlich größer als sonst. Denkbarrieren oder Konzentrationsstörungen, die Ihnen möglicherweise bisher den Zugang zu interessanten Wissensgebieten erschwert haben, sind jetzt praktisch nicht vorhanden.

Wenn Sie auf die Toleranz oder das Entgegenkommen von jemandem angewiesen sind, so ist jetzt der richtige Zeitpunkt, um Ihr Anliegen vorzubringen. Umgekehrt sollten Sie sich überlegen, in welchen Bereichen und welchen Menschen gegenüber Sie sich ein wenig mehr Großzügigkeit leisten könnten.

Harmonische Aspekte (Trigon und Sextil) des Radix-Jupiter mit dem Transit-Merkur

Entsprechen auch harmonischen Aspekten zwischen dem laufenden Herrscher von Haus drei und sechs und dem Herrscher von Haus neun

Dieser Transits wirkt etwa ein bis zwei Tage und ist nur selten besonders intensiv. Sie ist geeignet, um sich über angenehme Dinge, wie zum Beispiel den nächsten Urlaub, Gedanken zu machen.

Gespräche und Verhandlungen verlaufen angenehm und meist auch erfolgreich. Wenn Sie sich mit jemandem aussöhnen wollen oder zerstrittene Parteien an einen Tisch bringen müssen, so ist jetzt eine günstige Gelegenheit hierzu.

Falls Sie geistige Arbeit leisten müssen, können Sie mehrere Aufgaben schnell und produktiv bewältigen, auch wenn Ihnen heute vermutlich kaum nach harter Arbeit zumute sein wird.

Prinzip: strukturiertes Denken

Konjunktion des Radix-Merkur mit dem Transit-Saturn

Entspricht auch der Konjunktion zwischen dem laufenden Herrscher von Haus zehn und dem Herrscher von Haus drei und sechs

Der Transit gilt, je nach der momentanen Umlaufgeschwindigkeit Saturns, etwa vier Wochen. Sorgen, Hemmungen oder gar Depressionen überlagern in dieser Zeitphase das rationale Denken und die Vernunft. Alles geht im Schneckentempo, schnelle Entscheidungen und kurzfristige Aktionen funktionieren nicht. Dies ist eine gute Zeit, um sich darüber Gedanken zu machen, in welchen Bereichen Sie sich zu sehr verausgaben, wo sinnlos Energie verschwendet wird. Sie werden mit Ihren persönlichen Grenzen konfrontiert, was den meisten Menschen nicht angenehm ist, insbesondere wenn das, wie bei diesem Transit möglich, in Form von einschneidenden Ereignissen geschieht.

Das Aufzeigen von persönlichen Grenzen ist jedoch nichts anderes als das Gegenstück von Fähigkeiten und Möglichkeiten, die durch diesen Transit indirekt ebenfalls hervorgehoben werden. So wird in dieser Periode deutlich, auf welche Themen und Ziele Sie sich konzentrieren sollten. Hier geht es weniger um Aktivitäten, die jetzt eher schlecht funktionieren, als um eine »Lebensinventur«, die einem helfen kann, das Wesentliche vom Unwesentlichen zu unterscheiden.

Konjunktion des Radix-Saturn mit dem Transit-Merkur

Entspricht auch der Konjunktion zwischen dem laufenden Herrscher von Haus drei und sechs und dem Herrscher von Haus zehn

Die Gültigkeitsdauer dieses Transits beträgt insgesamt etwa zwei Tage. Irgendein Auslöser – wie zum Beispiel ein Brief – wird an diesem Tag Ihre Wertmaßstäbe ein wenig in Bewegung bringen. Der Anlass ist eher neutral, und die Aktivität, die in Ihre Lebensorientierung gebracht wird, ist weit davon entfernt, etwas mit Aufregung zu tun zu haben. Vielmehr bietet sich Ihnen die Chance, ein Thema, dessen Beurteilung Ihnen zur selbstverständlichen Gewohnheit geworden ist, zu hinterfragen und wieder neu einzuschätzen.

Während dieses Transits erhalten Sie möglicherweise Informationen, und/oder Sie haben neue Ideen, die Ihnen bei der Verwirklichung weitgesteckter Ziele neue Impulse geben.

Spannungsaspekte (Opposition und Quadrat) des Radix-Merkur mit dem Transit-Saturn

Entsprechen auch Spannungsaspekten zwischen dem laufenden Herrscher von Haus zehn und dem Herrscher von Haus drei und sechs

Der Transit dauert etwa vier Wochen. In diesem Zeitraum werden Sie sich in Ihrem körperlichen und/oder geistigen Spielraum eingeschränkt fühlen. Möglicherweise sind Sie sogar krank. Vielleicht haben Sie eine schwere Erkältung, eine Bronchitis oder eine andere Krankheit, die Sie schwächt.

Falls keine konkreten körperlichen Einschränkungen vorliegen, haben Sie vielleicht mit Konzentrationsstörungen und Antriebsschwäche zu kämpfen, sodass Sie in dieser Zeit nur einen Bruchteil Ihres sonst üblichen Arbeitspensums bewältigen. Möglicherweise haben Sie das Empfinden, dass in Ihnen alles in Zeitlupe abläuft und Sie dem Tempo des Alltagslebens nicht mehr gewachsen sind. Dies ist eine gute Ausgangssituation, um Ihre Herangehensweise an Aufgaben und Herausforderungen zu überprüfen und zu überdenken: Wo gehen Sie zu umständlich vor? Wo investieren Sie mehr Energie, als Sie eigentlich möchten? Wie können Sie das gleiche Ziel schneller und mit weniger Aufwand erreichen?

Wenn Sie gelernt haben, trotz Ihrer Schwächephase Ihre Aufgaben angemessen zu bewältigen, werden Sie in Phasen, in denen es

Ihnen besser geht, über einen unerwarteten Energieüberschuss verfügen, den Sie nach Belieben nutzen können.

Spannungsaspekte (Opposition und Quadrat) des Radix-Saturn mit dem Transit-Merkur

Entsprechen auch Spannungsaspekten zwischen dem laufenden Herrscher von Haus drei und sechs und dem Herrscher von Haus zehn

Die Konstellation wirkt etwa drei bis vier Tage. In dem Zeitraum könnte in Ihrer unmittelbaren persönlichen Umwelt etwas vorfallen, das Ihre allgemeine Lebenseinstellung in einer nicht angenehmen Weise bewegt. Dieser Spannungsaspekt allein vermag kaum etwas zustande zu bringen, über das Sie sich ernsthaft Sorgen machen müssten. Dennoch wird er Ihnen unangenehm oder lästig sein. Vielleicht erhalten Sie Nachrichten oder Informationen, die Sie bei der Umsetzung Ihrer langfristigen Pläne blockieren. Möglicherweise kommen jetzt Fehler zum Tragen, die Sie schon vor langer Zeit begangen und mittlerweile längst vergessen haben. Diese könnten Ihnen bei Ihrer aktuellen langfristigen Lebensplanung einen Strich durch die Rechnung machen, zum Beispiel, indem Sie einen bereits fest verplanten Kredit nicht erhalten oder Ähnliches.

Dieser Transit gibt Ihnen die Möglichkeit, alte Rechnungen zu begleichen und Hindernisse zu beseitigen, die Ihrer Lebensplanung im Wege stehen. Es ist gut möglich, dass sich hierbei Ihre Einstellungen und damit auch Ihre Pläne ändern, sodass sich ein ursprünglich lästiges Problem langfristig als Vorteil erweist.

Harmonische Aspekte (Trigon und Sextil) des Radix-Merkur mit dem Transit-Saturn

Entsprechen auch harmonischen Aspekten zwischen dem laufenden Herrscher von Haus zehn und dem Herrscher von Haus drei und sechs

Die Wirkung dieses Transits dauert etwa drei Wochen an. In dem Zeitraum verfügen Sie über ein außergewöhnliches Konzentrationsvermögen. Alles, was Sie beginnen, führen Sie auch konsequent zu Ende. Falls Sie normalerweise dazu neigen, sich gelegentlich zu verzetteln, so haben Sie in dieser Phase keine derartigen Probleme. Was Sie jetzt beginnen, wird sich vielleicht nicht unmittelbar, dafür aber langfristig umso mehr für Sie auszahlen. Sie werden feststellen, dass sich Ihre Effektivität und Leistungsfähigkeit enorm steigern, wenn Sie die Dinge mit ein klein wenig »gebremstem Schaum« angehen, das heißt, ein bisschen langsamer beginnen, als Sie eigentlich könnten. Dies steigert Ihre Konzentration und verhindert Flüchtigkeitsfehler. Das Ergebnis ist, dass Sie seelisch ausgeglichener und mit sich selbst zufriedener sind. Diese Erfahrung sollten Sie sich gut merken, um sie auch dann noch nutzen zu können, wenn dieser Transit bereits wieder vorbei ist.

Harmonische Aspekte (Trigon und Sextil) des Radix-Saturn mit dem Transit-Merkur

Entsprechen auch harmonischen Aspekten zwischen dem laufenden Herrscher von Haus drei und sechs und dem Herrscher von Haus zehn

Die Wirkung dieses Transits ist recht gering. Möglicherweise bekommen Sie eine angenehme Nachricht. Während der Gültigkeitsdauer des Transits, die bei etwa drei Tagen liegt, erhalten Sie Informationen, die Ihnen langfristig von großem Nutzen sind. Das Gleiche gilt für Ihre Gedanken und Ideen. Alles, was Ihnen in diesem Zeitraum einfällt, könnte fundierter und bedeutsamer sein, als Sie normalerweise für möglich halten. Sie sollten Ihre Pläne und Ideen aufschreiben und in Ruhe mit jemandem durchsprechen, der Sie kompetent berät. Vielleicht finden Sie Lösungen für alte Probleme, auf deren Überwindung Sie schon nicht mehr zu hoffen wagten.

Dieser Transit wirkt sich vor allem bei alten oder gar chronischen Themen aus sowie bei Plänen, deren Verwirklichung eine lange Zeit benötigt.

Merkur-Uranus-Transite

Prinzip: originelles Denken

Konjunktion des Radix-Merkur mit dem Transit-Uranus

Entspricht auch der Konjunktion des laufenden Herrschers von Haus elf mit dem Herrscher von Haus drei und sechs

Dieser Transit dauert oft Monate an und bringt gravierende Veränderungen Ihrer persönlichen Kontakte und beruflichen Verbindungen mit sich. Sie werden unerwartet und tief greifend umdenken müssen, wenn Sie verhindern wollen, dass Ihnen die Entwicklungen in Ihrem privaten und beruflichen Umfeld entgleiten.

In praktischer Hinsicht kann dies bedeuten, dass Sie Ihre Kommunikationsformen und -wege umstellen müssen, indem Sie zum Beispiel vom Briefverkehr schwerpunktmäßig auf das Telefax umsteigen oder indem Sie sich statt auf das Telefon eher auf E-Mail konzentrieren. Insbesondere im privaten Bereich ist es natürlich wichtiger, die Art und Weise Ihrer Kommunikation zu verändern als die technischen Möglichkeiten, die Sie hierfür verwenden.

Vor allem in den Beziehungen zu den Menschen in Ihrer unmittelbaren Umgebung sollten Sie nach neuen Umgangsformen suchen, wenn Sie am Erhalt der bisherigen Beziehungen interessiert sind.

Dieser Transit, der im Leben kaum mehr als einmal erlebt werden kann, bietet Ihnen die Chance, sowohl das Bild, welches Sie von sich selbst haben, als auch das, welches Ihre Umwelt von Ihnen hat, grundlegend zu verändern. Das heißt, Sie haben die einmalige Chance, einschneidende Imagekorrekturen vorzunehmen, um so endlich als die Persönlichkeit in Erscheinung zu treten, als die Sie gesehen werden wollen.

Abschließend sei bemerkt, dass diese Konstellation das Interesse an neuen und ungewöhnlichen Themen fördert. Häufig wird hier sogar eine neue Ausbildung begonnen, nicht immer mit der Absicht, daraus einen Beruf zu machen, sondern oft lediglich aus Freude an der Sache. Nicht allzu selten erwacht in diesem Zeitraum auch das Interesse an einer intensiven Beschäftigung mit der Astrologie.

Konjunktion des Radix-Uranus mit dem Transit-Merkur

Entspricht auch der Konjunktion des laufenden Herrschers von Haus drei und sechs mit dem Herrscher von Haus elf

Falls Sie auf einen Geistesblitz oder einen rettenden Einfall warten, der Ihnen zeigt, wie Sie aus einer Sackgasse wieder herauskommen, so ist jetzt die Gelegenheit günstig. Leichter als sonst können Sie sich mental außerhalb gewohnter Bahnen bewegen und so auf gangbare Ideen kommen, die Sie sonst wohl eher als abwegig verworfen hätten.

Manchmal deutet dieser Transit auch auf den plötzlichen Erhalt einer unerwarteten Nachricht hin.

Spannungsaspekte (Opposition und Quadrat) des Radix-Merkur mit dem Transit-Uranus

Entsprechen auch Spannungsaspekten zwischen dem laufenden Herrscher von Haus elf und dem Herrscher von Haus drei und sechs

Hier ergeben sich deutliche Hinweise nervlicher und psychischer Überforderung. Vermutlich waren Sie noch nie im Leben über einen längeren Zeitraum hinweg gezwungen, sich permanent neu zu orientieren. In mehreren Bereichen müssen Sie sich gleichzeitig Situationen stellen, für die Sie einfach kein Handlungskonzept haben.

Auch wenn solche Prozesse ausgesprochen anstrengend und auch ein wenig beängstigend sein mögen, so sind sie doch auf keinen Fall langweilig. Der Zwang zur Improvisation ist ein hervorragendes Mittel, um das eigene Selbstbild und Selbstbewusstsein zu schärfen, da Sie ja auf sich allein gestellt sind und nicht auf bewährte Muster zurückgreifen können. Jede Herausforderung, die Sie jetzt bestehen, können Sie deshalb uneingeschränkt auf Ihr Konto verbuchen.

Lernaufgabe und Herausforderung dieses Transits ist daher auch der Erwerb einer ausgeprägten Individualität, die sich aus der Überwindung alter Verhaltensmuster ergibt.

Hierbei geht es nicht um wildes Experimentieren, bei dem sehr schnell die Bodenhaftung verloren gehen kann. Allerdings muss auch alles Halbherzige vermieden werden, da dies sowohl im beruflichen als auch im privaten Bereich zu keiner Verbesserung führt, sondern die Nachteile des Alten mit denen des Neuen verbindet.

Als Folge dieses Prozesses werden Sie sich von falschen Autoritäten lösen können und aufhören, sich lediglich aus Unsicherheit unterzuordnen.

Spannungsaspekte (Opposition und Quadrat) des Radix-Uranus mit dem Transit-Merkur

Entsprechen auch Spannungsaspekten zwischen dem laufenden Herrscher von Haus drei und sechs und dem Herrscher von Haus elf

Dies ist kein guter Tag, um sich mit originellen Aktivitäten oder dem, was Sie dafür halten, hervorzutun. Die Gefahr durch unüberlegte Äußerungen Anstoß zu erregen, ist recht groß. Selbst absichtliche Provokationen werden eher missverstanden, sodass Zurückhaltung bei allen beruflichen Aktivitäten angebracht erscheint.

Auch wenn der Übergang Merkurs über die Spannungsaspekte des Uranus zu den schwächeren Transiten gehört, so werden ihm doch einige ungünstige Auswirkungen nachgesagt. Vor allem die Teilnahme am Straßenverkehr soll riskant sein, da hier wohl ein höheres Unfallrisiko vorliegt. Die Ursache dieser Theorie liegt in der kurzfristig gestörten Koordinationsfähigkeit, die diese Konstellation mit sich bringt. Es gehört wenig Fantasie dazu, sich vorzustellen, dass dies zum Beispiel für das Lenken eines Fahrzeugs problematisch sein kann.

Meiner Erfahrung nach wirkt dieser Aspekt jedoch hauptsächlich auf das Nervensystem und hat nur wenig mit konkreten psychischen Gefährdungen zu tun.

Stress und nervöse Überspannung können zu Auseinandersetzungen mit der direkten Umgebung, insbesondere Familienmitgliedern, Nachbarn und Bekannten, führen. Hier sollten Sie darauf achten, dass Sie nicht Dinge tun und sagen, die Ihnen hinterher leidtun, sich aber nicht mehr ungeschehen machen lassen.

Harmonische Aspekte (Trigon und Sextil) des Radix-Merkur mit dem Transit-Uranus

Entsprechen auch harmonischen Aspekten zwischen dem laufenden Herrscher von Haus elf und dem Herrscher von Haus drei und sechs

Nur selten im Leben ergibt sich die Chance, so viel Selbstbestätigung und Anerkennung zu erhalten wie bei diesem Transit. Sicherlich gibt es zahlreiche mehr oder weniger offizielle Gelegenheiten, bei denen die meisten von uns ritualisierte Formen der Anerkennung erhalten. Ob es sich hier um den Muttertag oder eine silberne Anstecknadel für die fünfundzwanzigjährige Betriebsmitgliedschaft handelt, die Ehrung gilt doch immer nur der Funktion und der Rolle, die wir ausgefüllt haben. Uranusübergänge über die harmonischen Aspektstellen des Merkur bringen jedoch immer die positive Darstellung unserer individuellen Eigenart mit sich. Das heißt, es wird sichtbar, welche Fähigkeiten, Begabungen und Leistungen uns als Individuum ausmachen. Dies kann sich sowohl im Privatleben als auch im Beruf oder im sozialen Umfeld zeigen. Auslöser einer derartigen Situation ist im Allgemeinen das Überschreiten von sozialen Anpassungsnormen, was natürlich in der Regel eher Schwierigkeiten, Probleme, Kritik und Ähnliches mit sich bringt. Wenn sich allerdings herausstellt, dass dieses »Fehlverhalten« für alle Beteiligten von Vorteil war, ergeben sich normalerweise die oben beschriebenen Konsequenzen.

Um ein konkretes Beispiel zu nennen: Ein Mitarbeiter eines großen Verlags lehnte das Manuskript eines berühmten Bestsellerautors ab. Zum einen, weil er das Buch für schlecht, zum anderen, weil er die Honorarforderungen für maßlos übertrieben hielt. Der Autor fand bald darauf einen anderen Verlag, der das Buch mit viel Werbung und in großer Erstauflage in den Handel brachte. Der Redakteur, der das Manuskript ursprünglich abgelehnt hatte, war von der Entlassung bedroht, da er seine Kompetenzen überschritten und den Verlag um einen vermutlich beträchtlichen Gewinn gebracht hatte. Das Buch wurde allerdings zu einem ausgesprochenen Misserfolg, der den Konkurrenzverlag sogar in den Ruin trieb. Verständlicherweise wurden unserem Redakteur jetzt wesentlich mehr Entscheidungsbefugnisse zugestanden als zuvor. Von Entlassung war natürlich keine Rede mehr.

Als Gegenbeispiel könnte ein kleiner Verlag genannt werden, der in der Vergangenheit ausschließlich Schulbücher publiziert hatte. Nachdem über zwanzig renommierte Häuser den Roman eines jungen Autors abgelehnt hatten, entschloss sich der Schulbuchverlag, das angeblich unverkäufliche Werk zu drucken. Innerhalb kürzester Zeit wurde es ein Welterfolg, der bald darauf verfilmt und als Oper aufbereitet wurde.

Diese Beispiele sollten praktisch nachvollziehbar illustrieren, in welchem Umfang das Verlassen gewohnter Reaktionsmuster sich positiv auf individuelle Anerkennung und berufliche Freiräume auswirken kann.

Harmonische Aspekte (Trigon und Sextil) des Radix-Uranus mit dem Transit-Merkur

Entsprechen auch harmonischen Aspekten zwischen dem laufenden Herrscher von Haus drei und sechs und dem Herrscher von Haus elf

Dies ist kein bedeutender, aber ein angenehmer Aspekt. Sie werden an diesem Tag auf andere originell und schlagfertig wirken, und vermutlich sind Sie dies auch.

Alles, was mit Sprache und Schrift zu tun hat, kann schnell, effektiv und pointiert bewältigt werden. Wenn Sie also zum Beispiel eine Rede schreiben oder halten müssen, so ist jetzt eine günstige Gelegenheit.

Merkur-Neptun-Transite

Prinzip: intuitives Denken

Konjunktion des Radix-Merkur mit dem Transit-Neptun

Entspricht auch der Konjunktion des laufenden Herrschers von Haus zwölf mit dem Herrscher von Haus drei und sechs

Dieser Transit ergibt sich allenfalls nur ein einziges Mal in einem Menschenleben. Entsprechend wesentlich sind seine Auswirkungen.

Jeder, der sich schon einmal ein wenig selbst beobachtet hat, wird feststellen, dass wir in Situationen, die uns mit unerwünschten Wahrheiten konfrontieren, mit Unruhe reagieren. Wir wechseln das Thema, beginnen nervös auf und ab zu laufen oder verlassen sogar den Ort des Geschehens. Das heißt, unser Drang und unsere Fähigkeit, aktiv und flexibel zu reagieren, werden nicht nur darauf verwandt, Probleme bewältigen zu können, sondern eben auch, um ihnen aus dem Weg zu gehen. Diese Chance haben wir bei einem Neptun-Merkur-Transit nicht. Unsere Reaktions- und Fluchtmöglichkeiten sind gelähmt. Das ist glücklicherweise deshalb unproblematisch, weil keine reale Bedrohung vorliegt. Im Gegenteil, wir haben die einmalige Gelegenheit, ungeliebte und gefürchtete Wahrheiten endlich zuzulassen und verstehen zu können. All unsere Lebenslügen reißen wie eine Nebelwand vor uns auf, und in mancher Hinsicht mag diese Erfahrung ein Vorgeschmack des Jüngsten Gerichts sein. Es liegt natürlich an uns, ob wir den Mut und die Kraft haben, uns mit uns und unserem Leben ungeschminkt zu konfrontieren.

Vielleicht müssen wir erkennen, dass wir in vielen Dingen längst nicht so gut und bedeutsam sind, wie wir glaubten. Möglicherweise wird uns bewusst, dass unsere Freunde, unsere Bekannten und sogar unsere Kinder weitaus weniger an uns interessiert sind, als wir uns dies wünschen würden.

Wir werden älter, wir müssen mit Krankheiten und Gebrechen zurechtkommen, und letztendlich erwartet uns unausweichlich der Tod. All diese ungeliebten, aber wichtigen und notwendigen Wahrheiten werden sich während dieses Transits in unser Bewusstsein drängen. Nicht unbedingt deshalb, weil besonders tief greifende und dramatische Ereignisse stattfänden, sondern weil uns unsere üblichen Verdrängungs- und Schutzmechanismen genommen werden.

In extremen Ausnahmefällen mag dies tatsächlich durch physische Lähmung geschehen, wie sie etwa durch Unfälle oder schwere Krankheiten, die uns ans Bett fesseln, entstehen können. Häufiger und wahrscheinlicher ergibt sich diese Lähmung jedoch auf einer psychischen Ebene, indem all unsere gewohnten Reflex- und Verhaltensmuster, mit denen es uns sonst gelingt, das Leben zu meistern, mit einem Mal nicht mehr funktionieren. Wir haben einfach kein Konzept mehr, mit dem wir die auf uns einstürzenden Schwierigkeiten meistern könnten. Gerade dies ist die Chance und die Lernaufgabe des Transits: Einsicht in unsere Überheblichkeit, in unsere Selbstüberschätzung und in unsere Überbewertung kurzfristiger materieller Ziele. Wenn wir diese Erfahrung zulassen, können wir den Rest unseres Lebens mit weniger Ängsten, weniger Hast und einem besseren Gespür für Wesentliches verbringen.

Konjunktion des Radix-Neptun mit dem Transit-Merkur

Entspricht auch der Konjunktion des laufenden Herrschers von Haus drei und sechs mit dem Herrscher von Haus zwölf

Dieser Tag ist eine hervorragende Gelegenheit, um sich wie die Fliege auf dem Leim zu fühlen. Sie können sich anstrengen, wie Sie wollen, so recht von der Stelle werden Sie heute kaum kommen. Dies hat jedoch auch den Vorteil, dass Sie Automatismen, wie sie sich etwa auf Anweisungen von Vorgesetzten, gewohnten Handlungsabläufen oder auch sogenannten Sachzwängen ergeben, hervorragend hinterfragen können. Müssen Sie tatsächlich so reagieren, wie Sie es schon immer getan haben oder wie andere dies von Ihnen erwarten?

Spannungsaspekte (Opposition und Quadrat) des Radix-Merkur mit dem Transit-Neptun

Entsprechen auch Spannungsaspekten zwischen dem laufenden Herrscher von Haus zwölf und dem Herrscher von Haus drei und sechs

Mit hoher Wahrscheinlichkeit werden Sie sich in dieser Lebensphase geschwächt und in Ihren Handlungsmöglichkeiten eingeschränkt fühlen. Vermutlich stehen Sie in der Öffentlichkeit oder auch Ihrem sozialen Umfeld in keinem besonders günstigen Licht da. Wahrscheinlich hatten Sie sich bis vor Kurzem im beruflichen oder privaten Bereich in besonderem Maße engagiert und nicht annähernd die Anerkennung erfahren, die Sie sich erhofft und wohl auch verdient hatten. Spannungsaspekte des laufenden Neptun zum Radix-Merkur bringen immer Wahrheiten in die Sichtbarkeit, vornehmlich unangenehme. Dies gilt sowohl für Sie, das heißt den Horoskopeigner, als auch für diejenigen, deren Ablehnung und Zurückweisung Ihnen jetzt entgegenschlagen. Vielleicht haben Sie eine gute Sache zum falschen Zeitpunkt versucht oder einfach die Verständnisfähigkeit Ihrer Umgebung überschätzt.

Dies heißt natürlich auch, dass Sie nicht genügend Energie darauf verwendet haben, sich im beruflichen und persönlichen Bereich verständlich zu machen. Leider kommt es in unserer physisch-materiellen Welt ja nicht nur darauf an, was jemand zu vermitteln hat, sondern vor allem eben auch darauf, wie er dies tut. Die Verpackung ist dabei alles.

Ein weiterer Gesichtspunkt dieser Konstellation ist das Publikwerden von Dingen, die Sie lieber für sich behalten hätten. Vorgänge aus Ihrem Privat- und Intimleben gelangen Leuten zur Kenntnis, die nichts Besseres zu tun haben, als das Ganze aufgebauscht weiterzuverbreiten.

Eine der wichtigsten und unerfreulichsten Entsprechungen dieses Transits ist daher die Verleumdung und die üble Nachrede. Falls Sie unter den Auswirkungen gemeiner Gerüchte zu leiden haben, sollten Sie sich zwei Umstände bewusst machen. Zum einen sollten Sie versuchen zu lernen, in welchen Lebensbereichen Sie bisher zu überheblich, zu gutgläubig, zu naiv und zu vertrauensselig waren. Ohne Zweifel werden Sie eine Lösung finden, die verhindert, dass Sie jemals wieder in eine vergleichbare Situation kommen. Der zweite Gesichtspunkt liegt in der Tatsache, dass Spannungsaspekte zwischen Merkur und Neptun zwar unangenehme Wahrheiten ans Licht bringen, doch nicht immer über denjenigen, der sich gegen Rufmord schützen muss. Manchmal eben auch über diejenigen, die ihn begehen ...

Spannungsaspekte (Opposition und Quadrat) des Radix-Neptun mit dem Transit-Merkur

Entsprechen auch Spannungsaspekten zwischen dem laufenden Herrscher von Haus drei und sechs und dem Herrscher von Haus zwölf

In diesen Tagen haben Sie bei entsprechender Veranlagung eine erhöhte Infektionsneigung der Atemwege, sodass Sie besonderen körperlichen Belastungen so weit wie möglich aus dem Weg gehen sollten. Dies gilt für Erkältungskrankheiten im Winter, die erhöhte

Ozonbelastung im Sommer sowie für Luftverschmutzung und Pollenflug im Allgemeinen.

Auf Ihr ansonsten gutes Fingerspitzengefühl können Sie sich jetzt nicht verlassen, dies ist kein guter Zeitpunkt für intuitive Entscheidungen.

Wenn Sie sich unbedacht äußern, können Sie sich die Feindschaft von jemandem zuziehen, der Ihnen ernsthaft zu schaden vermag. Da diese Vorgänge hinter Ihrem Rücken stattfinden, werden sich hier hässliche Intrigen ergeben, gegen die Sie wenig unternehmen können.

Jetzt ist eine gute Gelegenheit, darüber nachzudenken, wann, wo und zu wem Sie in letzter Zeit unnötig unaufrichtig waren. Wenn Sie versuchen, diese Fehler in Ordnung zu bringen, ohne dass Sie dabei alte Wunden wieder aufreißen, dann wird sich dieser Transit sehr zu Ihrem Vorteil auswirken. Spätestens in einem Jahr, wenn sich die gleiche Konstellation wiederholt, können Sie mit einer erheblichen und unerwarteten Unterstützung rechnen.

Harmonische Aspekte (Trigon und Sextil) des Radix-Merkur mit dem Transit-Neptun

Entsprechen auch harmonischen Aspekten zwischen dem laufenden Herrscher von Haus zwölf und dem Herrscher von Haus drei und sechs

Falls nicht andere, gegenteilige, Aspekte dem widersprechen, handelt es sich bei diesem Transit um eine längere Periode, in der Sie vor unerfreulichen Überraschungen einigermaßen sicher sind. Ohne Anstrengungen Ihrerseits erfahren Sie alle Informationen, die Sie benötigen, um die anstehenden Probleme lösen zu können. Insbesondere in beruflicher Hinsicht werden Sie erfolgreich sein, da es Ihnen gelingt, die richtigen Entscheidungen zum richtigen Zeitpunkt zu treffen. Wenn Sie keine allzu großen Sünden gegen Ihre Gesundheit begehen, dürften Sie für einen längeren Zeitraum von allen Infektionskrankheiten der Atemorgane verschont bleiben, da Ihr Immunsystem jetzt besonders kräftig ist.

Harmonische Aspekte (Trigon und Sextil) des Radix-Neptun mit dem Transit-Merkur

Entsprechen auch harmonischen Aspekten zwischen dem laufenden Herrscher von Haus drei und sechs und dem Herrscher von Haus zwölf

Dieser Transit wirkt ausgesprochen schwach, ist jedoch durchweg positiver Natur. Vielleicht haben Sie an diesem Tag in einer wichtigen Angelegenheit den richtigen Riecher und können davon in finanzieller oder beruflicher Hinsicht profitieren.

Es ist auch möglich, dass Sie rechtzeitig Informationen über jemanden erhalten, der Ihnen heimlich schaden möchte, sodass Sie sich wappnen und seine Pläne vereiteln können.

Merkur-Pluto-Transite

Prinzip: kategorisches Denken

Konjunktion des Radix-Merkur mit dem Transit-Pluto

Entspricht auch der Konjunktion zwischen dem laufenden Herrscher von Haus acht und dem Herrscher von Haus drei und sechs

Das Bedürfnis nach Macht und Autorität überlagert das rationale Denken und die Vernunft. Um die eigenen Vorstellungen durchsetzen zu können, sind Sie vermutlich bereit, bis an Ihre Grenzen zu gehen und sogar Dinge zu tun, die Sie normalerweise moralisch ablehnen würden.

Der große Vorteil dieses Transits liegt in der ungeheuren Konzentrationsfähigkeit, die er zur Verfügung stellt. Der Nachteil liegt in der Wahrnehmungsbeschränkung, im Tunnelblick, der alles ausklammert, was als unwesentlich empfunden wird. Als Folge können wesentliche Impulse, Warnungen und Hinweise übersehen werden.

Oft wirken Sie in dieser Zeitphase besonders ehrfurchtgebietend oder sogar bedrohlich auf andere. Aus diesem Grund gehen auch

Menschen auf Ihre Forderungen ein und stimmen Ihren Ansichten zu, die in Wahrheit überhaupt nicht Ihrer Meinung sind.

Dies führt zu der Schwierigkeit, dass Sie sich zu Unrecht sicher fühlen und glauben, eine Vielzahl von Freunden, Bekannten oder Mitarbeitern hinter sich zu haben. In Wahrheit sind einige von ihnen damit beschäftigt, nach Mitteln und Wegen zu suchen, um Ihre dogmatischen Vorstellungen oder sogar Ihre Position zu kippen.

Der laufende Pluto über dem Radix-Merkur ist ein günstiger Zeitraum, um geschäftliche Verhandlungen zu führen, wenn Ihr Ziel kein von beiden Seiten akzeptierter Kompromiss, sondern die vollständige Niederlage des Gegners ist. Dass Sie sich mit dieser Einstellung nicht nur Freunde machen, dürfte klar sein. Bei diesem Transit ist wie bei allen Pluto-Übergängen zu bedenken, dass er sich höchstens einmal in Ihrem Leben ergibt. Er bietet die Chance, alte Denkmuster, die sich als überholt und untauglich erwiesen haben, zu überwinden. Gleichzeitig können Sie neue Muster, neue Denkgewohnheiten entwickeln, die Ihren Bedürfnissen und Überzeugungen besser entsprechen. Da die Prägungen und Denkmuster, die Sie während dieses Transits schaffen, für den Rest Ihres Lebens fixiert bleiben und kaum noch größere Modifikationen erfahren können, sollte die Bedeutung dieser Konstellation nicht unterschätzt werden. Hier ist eine gute Gelegenheit, aus schlechten Gewohnheiten gute zu machen, zum Beispiel das Rauchen oder Trinken aufzugeben. Gefährlich wäre es jetzt, aufgrund der momentan stark erlebten geistigen Autorität in Allmachts- und Absolutheitsfantasien abzugleiten. Wird solchen Tendenzen nicht frühzeitig gegentgegensteuert, können kaum reparable Zwangsvorstellungen die Konsequenz sein.

Konjunktion des Radix-Pluto mit dem Transit-Merkur

Entspricht auch der Konjunktion zwischen dem laufenden Herrscher von Haus drei und sechs und dem Herrscher von Haus acht

Die Gültigkeitsdauer dieses Transits beträgt insgesamt etwa zwei Tage. Wenn es notwendig sein sollte, jemanden in seine Schranken zu weisen, indem Sie ihn verbal in Angst und Schrecken versetzen, so ist jetzt eine günstige Gelegenheit dazu. Das gilt auch, wenn es Ihnen wichtig erscheint, in jemandem Schuldgefühle zu erzeugen, um zum Beispiel reale Schulden beizutreiben. So sehr dieser Transit also für Machtdemonstrationen geeignet ist, so sehr sollten Sie darauf achten, sich unter keinen Umständen selbst ins Unrecht zu setzen. Jede Übertreibung, jede unangemessene oder ungerechte Forderung würde sich binnen sechs Monaten bitterlich rächen.

Spannungsaspekte (Opposition und Quadrat) des Radix-Merkur mit dem Transit-Pluto

Entsprechen auch Spannungsaspekten zwischen dem laufenden Herrscher von Haus acht und dem Herrscher von Haus drei und sechs

Spannungsaspekte des laufenden Pluto zum Radix-Merkur werden Sie recht heftig mit den Grenzen konfrontieren, die Sie sich selbst durch überholte oder falsche Wertvorstellungen gesetzt haben. Alte Schuldgefühle, falsches Verantwortungsgefühl oder schlichtweg Verbohrtheit werden Ihren persönlichen Handlungsspielraum in größerem Maße einschränken, als Ihnen lieb sein kann. Eine gute Gelegenheit also, Ihre Prinzipien noch einmal gründlich zu überdenken und vielleicht die eine oder andere Einstellung einer radikalen Revision zu unterziehen. Häufig wird ein Mensch in solchen Entwicklungsphasen mit merkwürdigen Vorstellungs- und Traumbildern konfrontiert, die recht bedrohliche Züge annehmen können. Vielleicht erleben Sie sich sogar als Opfer einer vermeintlichen oder auch wirklichen Gefahr. In diesem Falle besteht die fatale Neigung, sich auf ungeeignete Lösungsmuster zu fixieren. Die Denkfähigkeit kann sich so einengen, dass es nicht mehr möglich ist, mit klarem Kopf das Problem zu analysieren und die vernünftigste Lösung auszuwählen. So kann die Angst vor einer Katastrophe durch zwanghaftes Agieren diese erst herbeiführen. Lernaufgabe und Herausforderung dieses Transits ist jedoch die Entwicklung des Mutes, sich von falschen Sicherheitsvorstellungen zu lösen. Wir müssen alle unsere Wertvorstellungen hinterfragen und lernen, dass es keine absoluten Gewissheiten gibt. Dies mag ein schmerzhafter Prozess sein, der jedoch letztlich zu einer wesentlich größeren geistigen Freiheit führt.

Spannungsaspekte (Opposition und Quadrat) des Radix-Pluto mit dem Transit-Merkur

Entsprechen auch Spannungsaspekten zwischen dem laufenden Herrscher von Haus drei und sechs und dem Herrscher von Haus acht

Dies ist nur in den seltensten Fällen ein guter Tag, um Verträge abzuschließen oder auch nur verbindliche Absprachen zu treffen. Es wird zu Missverständnissen kommen, oder eine der beiden Parteien kann ihre Zusage nicht einhalten. Klappt dennoch alles, so wird die Vereinbarung oder der Vertrag für Sie von Nachteil sein.

Dieser Transit hat für sich genommen kein besonderes Gewicht. Dennoch mag es passieren, dass Sie an diesem Tag Kontakte knüpfen oder Geschäfte machen könnten, die Ihnen lediglich entgehen, weil Sie bereits anderweitig gebunden sind. Da diese, wie bereits gesagt, für Sie letztlich kaum von Vorteil wären, können Sie den scheinbaren Verlust in Würde verschmerzen.

Harmonische Aspekte (Trigon und Sextil) des Radix-Merkur mit dem Transit-Pluto

Entsprechen auch harmonischen Aspekten zwischen dem laufenden Herrscher von Haus acht und dem Herrscher von Haus drei oder Haus sechs

Dieser Transit hat die eigentümliche Eigenschaft, dass er zu den wirksamsten harmonischen Aspekten gehört, subjektiv jedoch oft nur geringfügig wahrgenommen wird. In allen Bereichen, in denen Sie etwas zu vermitteln haben und hatten, zum Beispiel in einer Lehrtätigkeit, in Sprache und Schrift, in der Zusammenarbeit mit Berufskollegen oder auch in der Kindererziehung, haben Sie jetzt einen Punkt erreicht, an dem Ihre Kompetenz und Ihr Sachverstand allgemein akzeptiert und nicht mehr infrage gestellt werden.

Da dies ein schleichender Prozess ist, der sich vornehmlich in der Vorstellungswelt Ihrer Umgebung vollzieht, werden Sie hiervon vermutlich nur indirekt etwas mitbekommen. In der Praxis können Sie sich sogar durchaus von Ihrer Umgebung stärker gefordert und kritisiert fühlen. Dies ist allerdings als Zeichen dafür aufzufassen, dass Ihre Autorität ganz selbstverständlich akzeptiert wird: Die meisten kommen überhaupt nicht mehr auf die Idee, Sie könnten manche Äußerungen als beleidigend oder verletzend empfinden.

Harmonische Aspekte (Trigon und Sextil) des Radix-Pluto mit dem Transit-Merkur

Entsprechen auch harmonischen Aspekten zwischen dem laufenden Herrscher von Haus drei und sechs und dem Herrscher von Haus acht

Ein guter Tag, um Verhandlungen zu führen, Verträge abzuschließen und allgemein verbindliche Absprachen zu treffen. Heute wird es Ihnen noch leichter als sonst gelingen, andere von Ihren Vorstellungen zu überzeugen.

Entscheidungen, die Sie immer wieder hinausgezögert haben, könnten jetzt getroffen werden, da Sie jetzt über ein gutes Gefühl für das Wesentliche verfügen.

Venus-Transite

Prinzip: impulsive Ästhetik

Konjunktion der Radix-Venus mit dem Transit-Mars

Entspricht auch der Konjunktion zwischen dem laufenden Herrscher von Haus eins und dem Herrscher von Haus zwei und sieben

Der Übergang des Mars über die Radixposition der Venus entspricht der Konfrontation mit Personen oder Umständen, die uns die unmittelbare Befriedigung essenzieller persönlicher Wünsche und Bedürfnisse in Aussicht stellen.

Entgegen landläufiger Meinung handelt es sich hierbei weder notwendigerweise noch meistens um Liebesaffären und erotische Abenteuer. Ein Umstand, der insofern beruhigend ist, als sich der Mars-Übergang ja alle zwei Jahre wiederholt. Wenn hier jedes Mal erotische Abenteuer ausgelöst würden, wäre dies sicherlich für alle, die eine monogame Partnerschaft führen, ein großes Problem.

Dennoch bringt dieser Aspekt zumindest im übertragenen Sinne eine besondere Verführbarkeit mit sich. Die Vorstellung, dass Wunschträume in Erfüllung gehen könnten, ist so groß, dass hierbei der kritische Verstand meist ausgeschaltet wird. So kann es denn zum Beispiel passieren, dass Ihnen bei diesem Transit eine »todsichere« Geldanlage angedreht wird, die Sie dann um Ihre gesamten Ersparnisse bringt.

Obwohl bei der Konstellation leider die Gefahr der Enttäuschung eindeutig überwiegt, kommt es doch durchaus vor, dass nun tatsächlich der eine oder andere Wunschtraum erfüllt wird. Sie sollten allerdings in jedem Fall die Angelegenheit nüchtern prüfen und nach Möglichkeit mit einem kritisch eingestellten Freund besprechen. Von »einmaligen Gelegenheiten«, die Sie »nur jetzt« wahrnehmen können, sollten Sie allerdings unbedingt die Finger lassen. Die Gefahr, ausgenutzt, verletzt und enttäuscht zu werden, ist zu groß.

Konjunktion des Radix-Mars mit der Transit-Venus

Entspricht auch der Konjunktion des laufenden Herrschers von Haus zwei und sieben mit dem Herrscher von Haus eins

Dies ist ein günstiger Tag, um sich selbst oder jemandem, den Sie lieben, einen Wunsch zu erfüllen. Das, was Sie jetzt wollen, werden Sie bei entsprechendem Einsatz mit hoher Wahrscheinlichkeit auch bekommen.

Leider ist die Wirkung dieses Transits nur kurz und nicht besonders stark. Er ist jedoch hervorragend geeignet, Ihre wahren persönlichen Bedürfnisse herauszufinden. Sie werden vermutlich erstaunt sein, in welchem Umfang Sie Ihre instinktiven Interessen nicht kennen und wie sehr Sie sich durch den Einfluss von Freunden, Vorbildern und Medien haben manipulieren lassen.

Spannungsaspekte (Opposition und Quadrat) der Radix-Venus mit dem Transit-Mars

Entsprechen auch Spannungsaspekten zwischen dem laufenden Herrscher von Haus eins und dem Herrscher von Haus zwei und sieben

Vermutlich befinden Sie sich in Ihrem Privatleben in einer angespannten Situation, die Sie zwingt, sich mit Ihren Bedürfnissen und Konsequenzen auseinanderzusetzen, die mit Ihrer Befriedigung verbunden sind. Neben einer gereizten Stimmung kann bei Ihnen das Gefühl entstehen, keiner möchte, dass es Ihnen gut geht. Dies ist natürlich Unsinn, aber möglicherweise sollten Sie einmal darüber nachdenken, in welchen Bereichen Sie sich Freunden und Partnern gegenüber rücksichtslos verhalten. Dies mag manchem Groll sehr schnell die Grundlage entziehen.

Gelegentlich kommt bei diesem Transit eine Art von abgemilderter Torschlusspanik auf. Mancher meint sich irgendwelche Träume unbedingt jetzt und auf der Stelle erfüllen zu müssen, da sich angeblich sonst nie mehr die Gelegenheit dazu ergäbe. Gegen derartige Ausbrüche ist prinzipiell nichts einzuwenden, allerdings sollte bedacht werden, dass hier eine erhöhte Verletzungsgefahr besteht – und zwar im körperlichen wie im zwischenmenschlichen Bereich. Auch wenn Ihr Selbstwertgefühl zu der Zeit womöglich einen kleinen Knick hat, sollten Sie sich auf gar keinen Fall mit zweitbesten Lösungen – nach dem Motto »besser als nichts« - zufriedengeben. Das haben Sie nicht nötig. Und wenn Sie sich für eine zweitbeste Lösung entscheiden, nehmen Sie sich selbst die Option zur besten.

Falls Sie zu den Menschen gehören, die Spaß und Freude an Sex haben, so steht aus astrologischer Sicht einer anregenden Woche nichts im Wege.

Spannungsaspekte (Opposition und Quadrat) des Radix-Mars mit der Transit-Venus

Entsprechen auch Spannungsaspekten zwischen dem laufenden Herrscher von Haus zwei und sieben und dem Herrscher von Haus eins

Dieser Transit dauert nur einige wenige Tage. In dieser Zeit könnte Ihr Geschmackssinn ein wenig irritiert sein. Dies kann sich zum Beispiel in der Vorstellung äußern, unbedingt etwas Bestimmtes kaufen zu müssen, mit dem Sie dann hinterher nichts Rechtes anfangen können.

Harmonische Aspekte (Trigon und Sextil) der Radix-Venus mit dem Transit-Mars

Entsprechen auch harmonischen Aspekten zwischen dem laufenden Herrscher von Haus eins und dem Herrscher von Haus zwei und sieben

Im Begegnungs-, Partnerschafts- und Beziehungsbereich werden Sie jetzt eine recht angenehme Zeit haben. Das gilt auch für Ihre physische Konstitution und Ihre materiellen Belange. Dies ist eine gute Gelegenheit für soziale Freizeitaktivitäten aller Art. Partys, Flirts, der Besuch von Konzerten und Kunstausstellungen können jetzt besonders angenehm und befriedigend sein. Einladungen aller Art, die Sie während dieses Transits erhalten, sollten Sie deshalb nach Möglichkeit annehmen.

Harmonische Aspekte (Trigon und Sextil) des Radix-Mars mit der Transit-Venus

Entsprechen auch harmonischen Aspekten zwischen dem laufenden Herrscher von Haus zwei und sieben und dem Herrscher von Haus eins

Dies ist ein kurzfristiger und nur schwach wirksamer Transit. Falls Sie ihn überhaupt spüren, dann glücklicherweise auf angenehme Art.

In diesen Tagen könnten Sie sich zum Beispiel über Ihre Wünsche in einer privaten oder finanziellen Angelegenheit klarwerden. Falls Sie die Qual der Wahl zwischen mehreren erfreulichen Optionen haben, so wird Ihnen die Entscheidung jetzt leichtfallen. Hinzu kommt, dass Sie mit instinktiver Sicherheit die richtigen Schritte unternehmen werden, um so reibungslos wie möglich an Ihr Ziel zu gelangen.

Venus-Jupiter-Transite

Prinzip: expansive Ästhetik

Konjunktion der Radix-Venus mit dem Transit-Jupiter

Entspricht auch der Konjunktion des laufenden Herrschers von Haus neun mit dem Herrscher von Haus zwei und sieben

In den Wochen, in denen der Übergang Jupiters über die Venus Gültigkeit hat, wird es Ihnen besser als sonst gelingen, Chancen im partnerschaftlichen und zwischenmenschlichen Bereich zu erkennen und zu nutzen. Vermutlich befinden Sie sich in einer grundsätzlich positiven und optimistischen Stimmung. Das macht es leicht, auf die eigenen Fähigkeiten und das Entgegenkommen der Umwelt zu vertrauen. In der Tat gibt es Leute, die in dieser Zeit ein Interesse daran haben, Sie bei der Verwirklichung Ihrer persönlichen Wünsche zu unterstützen.

Es macht jetzt wenig Sinn, sich um Detailfragen zu kümmern, vielmehr sollen Sie Ihre Aufmerksamkeit auf die eine globale Übersicht richten, da sich Ihnen zu viele Optionen auftun, als dass sie genau ausgearbeitet und überprüft werden könnten. Umso wichtiger ist es, dass Sie sich darüber klar werden, was Sie eigentlich wollen, damit Sie entsprechende Vorentscheidungen treffen können. Eine Hilfe kann es sein, darüber nachzudenken, welche Chancen Sie vor etwa zwölf Jahren hatten, Ihre persönliche Situation zu verändern. Da sich Ihnen nun ähnliche Möglichkeiten bieten, können Sie aus Ihren damaligen Fehlern lernen. Wenn Sie eine Fernreise planen möchten oder sich mit dem Gedanken tragen, Ihr Haus oder Ihr Geschäft zu vergrößern, so ist nun ein guter Zeitpunkt, damit zu beginnen. In Ihrem Elan sollten Sie nicht den Fehler begehen, größer anzusetzen, als Sie auf Dauer durchhalten können. Sie sollten Ihre Projekte vielmehr so angehen, dass diese auch dann noch durchführbar sind, wenn Sie weniger Unterstützung erfahren und Sie weniger optimistisch und motiviert sind als in dieser Zeit.

Damit Sie von Ihren momentanen Vorteilen dauerhaft profitieren können, sollten Sie sich um jemanden kümmern, der es nicht so gut wie Sie getroffen hat.

Konjunktion des Radix-Jupiter mit der Transit-Venus

Entspricht auch der Konjunktion des laufenden Herrschers von Haus zwei und sieben mit dem Herrscher von Haus neun

An diesem Tag können Sie in persönlicher und wirtschaftlicher Hinsicht profitieren, wenn Sie anderen besonders offen und tolerant entgegentreten. Sie haben gute Chancen, Angebote zu erhalten, die Sie in zwischenmenschlicher oder finanzieller Beziehung als bedeutende Bereicherung empfinden.

Auch gemeinsame Unternehmungen mit Freunden und Bekannten können jetzt als besonders angenehm empfunden werden.

Spannungsaspekte (Opposition und Quadrat) der Radix-Venus mit dem Transit-Jupiter

Entsprechen auch Spannungsaspekten zwischen dem laufenden Herrscher von Haus neun und dem Herrscher von Haus zwei und sieben

Dieser Transit dauert etwa einen Monat. Vermutlich stecken Sie voller Veränderungspläne, was Ihre freundschaftlichen und partnerschaftlichen Beziehungen angeht. Auch in materieller und körperlicher Hinsicht haben Sie einiges vor. Hierbei mag es sich um eine Diät, ein Sportprogramm oder Ähnliches handeln.

Falls Sie das Gefühl haben, mit Ihren Finanzen nicht so über die Runden zu kommen, wie sie sich das eigentlich vorstellen, werden Sie nun verstärkt nach Zusatzverdienstmöglichkeiten Ausschau halten. Möglicherweise könnten Sie auch im Rahmen Ihrer jetzigen beruflichen Tätigkeit versuchen, Ihr Einkommen zu steigern, eventuell sogar mit nicht legalen Mitteln. Hier sollten Sie mehr als vorsichtig sein, da dieser Transit zwar in vielen Fällen die Gier und das Bedürfnis nach einer Verbesserung der materiellen Situation mit sich bringt, jedoch nicht die realen Bedingungen, diese auch zu erreichen.

Es besteht die Gefahr, dass Sie sich und Ihre Möglichkeiten erheblich überschätzen. Sie sollten deshalb den Rat alter Freunde unbedingt ernst nehmen.

Mögliche spontane Auslandsreisen mit neuen Bekanntschaften oder in Erwartung vielversprechender Geschäftskontakte werden kaum Ihren Hoffnungen gerecht werden.

Spannungsaspekte (Opposition und Quadrat) des Radix-Jupiter mit dem Transit-Venus

Entsprechen auch Spannungsaspekten zwischen dem laufenden Herrscher von Haus zwei und sieben und dem Herrscher von Haus neun

Vermutlich haben Sie heute das Bedürfnis, jemandem, den Sie mögen, eine besondere Freude zu machen. Die Chance, dass das Ganze schiefgeht, ist ziemlich groß. Vermutlich werden Sie auf den anderen nicht großzügig, wohlwollend und freundlich wirken, sondern eher herablassend und arrogant.

Umgekehrt mögen Sie das Verhalten von Freunden und Mitarbeitern vielleicht als unfreundlich, unhöflich oder sogar herabsetzend empfinden. Wenn Sie Lust haben, können Sie die Chance nutzen, um herauszufinden, wo Ihnen Ihre Eitelkeit und ein allzu schönfärberisches Selbstbild in Ihren zwischenmenschlichen Beziehungen im Wege steht.

Harmonische Aspekte (Trigon und Sextil) der Radix-Venus mit dem Transit-Jupiter

Entsprechen auch harmonischen Aspekten zwischen dem laufenden Herrscher von Haus neun und dem Herrscher von Haus zwei und sieben

Die Wirkung dieses Aspektes dauert etwa zwei Wochen an. In diesem Zeitraum verfügen Sie über eine ausgeprägte Zukunftsorientierung. Sie stecken voller Ideen und Pläne. Zusätzlich werden Ihre Freunde und Bekannten mit erfolgversprechenden Konzepten auf Sie zukommen. Die wichtigste Erkenntnis dieses Transits ist die Feststellung: Ideen sind eben erst einmal nichts anderes als Ideen, und nirgends steht geschrieben, dass jede Idee auch unbedingt ausgeführt werden müsste. Genießen Sie die zahlreichen angenehmen Perspektiven, und warten Sie in Ruhe ab, was sich davon letztlich realisieren lässt und was nicht.

Harmonische Aspekte (Trigon und Sextil) des Radix-Jupiter mit der Transit-Venus

Entsprechen auch harmonischen Aspekten zwischen dem laufenden Herrscher von Haus zwei und sieben und dem Herrscher von Haus neun

Sie können diesen Tag dafür nutzen, um mit Partnern oder Freunden Zukunftspläne zu machen.

Leider ist die Wirkung des Transits weder lang noch stark, dafür aber für alle zwischenmenschlichen Aktivitäten förderlich.

Venus-Saturn-Transite

Prinzip: strukturierte Ästhetik

Konjunktion der Radix-Venus mit dem Transit-Saturn

Entspricht auch der Konjunktion des laufenden Herrschers von Haus zehn mit dem Herrscher von Haus zwei und sieben

Dieser Aspekt gilt, je nach der momentanen Umlaufgeschwindigkeit Saturns, etwa vier Wochen. Sorgen, Hemmungen oder gar Depressionen belasten in dieser Zeitphase Ihr inneres Gleichgewicht und Ihre zwischenmenschlichen Beziehungen. Thema ist hier die Neustrukturierung des Gleichgewichts zwischen Innen- und Außenwelt. Das heißt, es müssen neue Formen und Regeln gefunden werden, wie Sie mit sich selbst und Ihrer Umwelt umgehen wollen. Die alten Normen haben sich überlebt und funktionieren nicht mehr. So ist es Teil eines zwar schmerzhaften, aber notwendigen Reifeprozesses, sich von alten Mustern zu lösen, um neue Wege zu finden, wie Sie mit sich selbst und anderen in Zukunft umgehen wollen. Natürlich geht es hier um Trennung, aber nur um Trennung von überkommenem Alten. So ist es auch Ihre Entscheidung, ob Sie dies als traurigen Abschied oder als Befreiung erleben.

Alles geht jetzt im Schneckentempo, schnelle Entscheidungen und kurzfristige Aktionen funktionieren nicht. Dies ist eine gute Zeit, um sich darüber Gedanken zu machen, in welchen Bereichen Sie sich zu sehr oder zu wenig gegenüber anderen abgrenzen, zu viel oder zu wenig Nähe zulassen.

Sie werden mit Ihren persönlichen Grenzen und damit eben auch Ihrer Begrenztheit konfrontiert, was von den meisten Menschen nicht als angenehm empfunden wird, insbesondere, wenn das, wie bei diesem Transit möglich, in Form von einschneidenden Ereignissen geschieht.

Das Aufzeigen von persönlichen Grenzen macht damit jedoch den anderen erst sichtbar. Erst die Unterscheidung – und damit ihre gegenseitige Abgrenzung – von Subjekt und Objekt ermöglicht Begegnung.

So wird in dieser Periode deutlich, auf welche Themen und Menschen Sie sich in Ihrem Leben konzentrieren sollten.

Konjunktion des Radix-Saturn mit der Transit-Venus

Entspricht auch der Konjunktion zwischen dem laufenden Herrscher von Haus zwei und sieben und dem Herrscher von Haus zehn

An diesem Tag können sich Kontakte, Gespräche oder auch die Begegnung mit irgendwelchen Medien, wie zum Beispiel Büchern, ergeben, die Ihnen bei der Verfolgung Ihrer beruflichen Pläne und Lebensziele möglicherweise ausgesprochen nützlich sind. Eine gute Gelegenheit, um Themen zu versachlichen und sich konzentriert mit Wesentlichem zu beschäftigen.

Spannungsaspekte (Opposition und Quadrat) der Radix-Venus mit dem Transit-Saturn

Entsprechen auch Spannungsaspekten zwischen dem laufenden Herrscher von Haus zehn und dem Herrscher von Haus zwei und sieben

Dieser Transit dauert etwa vier Wochen. In dem Zeitraum werden Sie sich in Ihren zwischenmenschlichen Beziehungen eingeschränkt und eingeengt fühlen.

Wenn Sie gelernt haben, trotz Ihrer Schwächephase Ihre Aufgaben angemessen zu bewältigen, werden Sie in Phasen, wo es Ihnen besser geht, plötzlich über einen unerwarteten Energieüberschuss verfügen, den Sie nach Belieben nutzen können.

Spannungsaspekte (Opposition und Quadrat) des Radix-Saturn mit der Transit-Venus

Entsprechen auch Spannungsaspekten zwischen dem laufenden Herrscher von Haus zwei und sieben und dem Herrscher von Haus zehn

So hilfreich und wichtig die Ratschläge von Freunden und Mitarbeitern in der Regel sind – heute ist ein Tag, an dem man in Ihrem persönlichen Umfeld scheinbar alles versucht, um Sie von dem abzuhalten, was Ihnen eigentlich wichtig ist.

Sie sollten deshalb mit so wenig Personen wie möglich über Ihre Pläne sprechen. Umgekehrt sollten Sie darauf achten, dass Irritationen aus Ihrem Privatbereich, wie Auseinandersetzungen in der Partnerschaft, aber auch gesundheitliche und finanzielle Probleme, nicht Einfluss auf die Umsetzung Ihrer überpersönlichen Ziele nehmen. Dies wird vornehmlich den Beruf betreffen, gilt aber auch für jeden anderen Lebensbereich, der zukunfts- und sinnorientiert ist.

Harmonische Aspekte (Trigon und Sextil) der Radix-Venus mit dem Transit-Saturn

Entsprechen auch harmonischen Aspekten zwischen dem laufenden Herrscher von Haus zehn und dem Herrscher von Haus zwei und sieben

Die Wirkung dieses Transits hält etwa sieben Wochen an. In diesem Zeitraum verfügen Sie über ein außergewöhnliches Konzentrations- und Ausgleichsvermögen. Unklarheiten im Begegnungsbereich lösen sich auf und beginnen eine Ihnen adäquate verbindliche Form anzunehmen. Falls Sie normalerweise dazu neigen, in Beziehungen zu Ihren Freunden und Bekannten eher unzuverlässig oder chaotisch zu sein, so haben Sie in dieser Phase keine derartigen Probleme. Persönliche Beziehungen, die Sie jetzt eingehen, und neue Interessen, die Sie jetzt entwickeln, werden sich vielleicht nicht unmittelbar, dafür aber langfristig umso mehr als tragfähig und bedeutsam erweisen. Sie werden feststellen, dass sich die Qualität und Intensität Ihrer persönlichen Beziehungen positiv verändert, wenn Sie die Dinge ein bisschen langsamer angehen, als Sie eigentlich könnten. Dies steigert Ihre Hingabe- und Genussfähigkeit.

Harmonische Aspekte (Trigon und Sextil) des Radix-Saturn mit der Transit-Venus

Entsprechen auch harmonischen Aspekten zwischen dem laufenden Herrscher von Haus zwei und sieben und dem Herrscher von Haus zehn

Die Wirkung dieses Transits ist recht gering. Dies ist ein günstiger Tag, um mit Menschen in Verbindung zu treten, die die gleichen Zielvorstellungen haben wie wir selbst. Hier besteht die Chance, dass sich Optionen einer konstruktiven Zusammenarbeit ergeben.

Prinzip: exzentrische Hingabefähigkeit

Konjunktion der Radix-Venus mit dem Transit-Uranus

Entspricht auch der Konjunktion des laufenden Herrschers von Haus elf mit dem Herrscher von Haus zwei und sieben

Dieser Aspekt kommt, wenn überhaupt, meist nur einmal im Leben vor. Der Übergang des Uranus über die Venus im Geburtshoroskop kennzeichnet stets einen Zeitraum intensiver, heftiger und radikaler Interessensveränderungen. Inhaltlich geht es hier immer um die Loslösung von überlebten umwelt- und partnerschaftsbezogenen Abhängigkeiten.

Häufig erfolgt mit diesem Transit auch ein Wechsel des Bekannten- und Freundeskreises, da Sie jetzt bewusst oder unbewusst auch im Lebensumfeld eine sichtbare Veränderung herbeiführen möchten. Die neu erworbene, aber noch ungefestigte Begegnungsfähigkeit kann nicht immer gleich problemlos gelebt werden, oft kommt es zu Experimenten im Partnerschafts- und Freundschaftsbereich mit den entsprechenden Irritationen und Orientierungsschwierigkeiten - Sie wissen eine Zeit lang nicht so recht, wo Sie eigentlich hingehören. So können sich wechselvolle soziale Kontakte ergeben, die im Extremfall zwischen Einsamkeitsphasen und Begegnungsüberforderungen schwanken.

Dies klingt vermutlich dramatischer, als es ist, denn solch einschneidende Lebensveränderungen gehen an niemandem spurlos vorüber, egal, wie positiv sie letztlich auch sein mögen. Lernaufgabe und Herausforderung ist hier, mit der Vergangenheit wirklich endgültig abzuschließen und bewusste Schritte zu unternehmen, um nicht in späteren Lebensphasen Beziehungen nachzutrauern, die Sie in Wahrheit schon lange hinter sich gelassen haben.

Konjunktion des Radix-Uranus mit der Transit-Venus

Entspricht auch der Konjunktion des laufenden Herrschers von Haus zwei und sieben mit dem Herrscher von Haus elf

Transiten zwischen Radix-Uranus und Transit-Venus kommt für sich allein genommen nur selten eine herausragende Bedeutung zu. Dies gilt ja grundsätzlich für die schnell laufenden Planeten. Die Gültigkeitsdauer dieser Transite ist nur kurz und ihr Einfluss eher gering.

Der Übergang der Venus dauert etwa zwei Tage. In dieser Zeit haben Sie die Neigung, aus gewohnten Begegnungs- und Beziehungsbahnen auszubrechen. Vielleicht machen Sie spontan mit jemandem irgendetwas, das Sie schon lange machen wollten, sich jedoch nie mit Ihrer sonstigen Partnerschaftseinstellung vertrug.

Experimenten und neuen Ideen gegenüber sind Sie jetzt in besonderem Maße aufgeschlossen. So begrüßenswert, wie diese Neigung auch ist, Sie sollten doch aufpassen, dass Sie sich in Ihrer plötzlichen Begeisterungsfähigkeit nicht ungewollt Tatsachen schaffen, die sich nicht mehr rückgängig machen lassen.

Spannungsaspekte (Opposition und Quadrat) der Radix-Venus mit dem Transit-Uranus

Entsprechen auch Spannungsaspekten zwischen dem laufenden Herrscher von Haus elf und dem Herrscher von Haus zwei und sieben

Dieser Transit dauert oft Monate an und bringt tief greifende Veränderungen in Freundschaften, Bekanntschaften und partnerschaftlichen Beziehungen mit sich, die sich oft scheinbar ohne warnende Vorzeichen einstellen.

Eine passive und eine aktive Verwirklichung sind möglich. Im ersten Fall sorgen äußere Anlässe für heftige Spannungen im Begegnungsbereich. Dies mag ein Unfall, eine Partnerschaftskrise oder auch ein wesentlich weniger dramatisches Ereignis sein, das

Ergebnis ist in allen Fällen gleich: Ihre bisherige Lebensführung wird von jemand anderem vollständig infrage gestellt.

Im zweiten Fall kommt der Auslöser nicht von außen, sondern Sie selbst bringen das scheinbar stabile Netz Ihrer sozialen Beziehungen zum Zerreißen, indem Sie vielleicht plötzlich kündigen, Ihren Partner verlassen oder auf eine andere Weise aus gewohnten Bahnen ausbrechen.

In der weiteren Entwicklung macht es kaum einen Unterschied, ob der Uranus-Transit von Ihnen selbst oder von außen ausgelöst wurde.

Bisher geduldete Unvereinbarkeiten in Ihren Beziehungen zu anderen, insbesondere zu Ihrem Partner, werden mit einem Mal so unerträglich, dass sie ohne Rücksicht auf die Konsequenzen aufgegeben werden müssen.

Alles, was in Ihren Freundschaften und Wunschvorstellungen falsch, inkonsequent oder auch nur allzu selbstverständlich war, wird radikal hinterfragt. Jahrzehntealte Beziehungsmuster können so von einem Tag auf den anderen aufgegeben werden. Diese plötzlichen Veränderungen sind für Freunde, Partner und Angehörige irritierend bis erschreckend, zumal sie spüren, dass sie plötzlich sehr viel weniger Einfluss auf Sie ausüben können als bisher.

In gewisser Weise kommen nun alle Freiheitswünsche zum Vorschein, die ein Leben lang so unterdrückt waren, dass kaum jemand überhaupt von ihrer Existenz wusste. Diese plötzliche Unabhängigkeit von alten Beziehungs- und Begegnungsmustern kann ein völlig neues Selbstwertgefühl verleihen, aber auch Angst machen.

Es besteht die Chance und Lernaufgabe, wirkliche Individualität und Unabhängigkeit in der Beziehung zu anderen zu entwickeln. Wir werden allein geboren, und wir sterben allein. So sind wir auch für unser ganzes Tun selbst verantwortlich, niemals unser Partner, unsere Freunde oder irgendwelche anderen Verführer.

Spannungsaspekte (Opposition und Quadrat) des Radix-Uranus mit der Transit-Venus

Entsprechen auch Spannungsaspekten zwischen dem laufenden Herrscher von Haus zwei und sieben und dem Herrscher von Haus elf

Der Venus-Übergang über die Position des Uranus kann auf einen durch Freunde, Partner, aber auch finanzielle Umstände verursachten plötzlichen Stimmungsumschwung hinweisen. Schon Kleinigkeiten vermögen heute Gereiztheit im Beziehungsbereich auszulösen, die bis hin zu Trennungstendenzen gehen können. In der Regel deuten derartige Verhaltensweisen bei beiden Beteiligten auf völlig überzogene Reaktionen hin, die sich dementsprechend schnell auch wieder korrigieren lassen. Wenn Sie wollen, können Sie in dieser Situation experimentell versuchen, sich in die Standpunkte und Ansichten Ihres Partners oder einer anderen Person hineinzuversetzen, mit dem Sie gerade eine Auseinandersetzung führen. Insbesondere in Beziehungskrisen trägt dies in der Regel zum gegenseitigen Verständnis bei, ohne dass individuelle Standpunkte aufgegeben werden müssten.

Harmonische Aspekte (Trigon und Sextil) der Radix-Venus mit dem Transit-Uranus

Entsprechen auch harmonischen Aspekten zwischen dem laufenden Herrscher von Haus elf und dem Herrscher von Haus zwei und sieben

Persönliche Beziehungen und materielle Ressourcen erweisen sich in beruflicher Hinsicht als nützlich und förderlich. Möglicherweise sind Sie in irgendeinem Bereich unersetzlich, sodass es außer Ihnen niemanden gibt, der für die anstehenden Aufgaben geeignet wäre. Aus diesem oder einem anderen Grund werden Ihnen vermutlich individuelle Bedingungen eingeräumt, die den Rahmen des Üblichen sprengen und Ihren persönlichen Wünschen besonders entgegenkommen. Kollegen oder Bekannte, die Ihre Überzeugungen teilen, werden Ihnen sehr nützen. Dieser Transit symbolisiert in harmonischer, evolutionärer Weise spannende, aufregende und angenehme Veränderungen in persönlichen und geschäftlichen Kontakten. Situationen, in denen Sie in der Vergangenheit bereit waren, Risiken einzugehen und sich gegen den Rat Ihrer Freunde und Partner zu entscheiden, zahlen sich jetzt aus. Unerwartet öffnen sich Ihnen Türen, die Möglichkeiten zu einer angenehmen Verbindung von Beruf und Privatleben aufzeigen. Mit einer plötzlichen Verbesserung Ihrer finanziellen Situation muss gerechnet werden.

Harmonische Aspekte (Trigon und Sextil) des Radix-Uranus mit der Transit-Venus

Entsprechen auch harmonischen Aspekten zwischen dem laufenden Herrscher von Haus zwei und sieben und dem Herrscher von Haus elf

Dieser Aspekt wird nur der Vollständigkeit halber aufgeführt, da seine Auswirkungen schwach sind und die Gültigkeitsdauer nur zwei Tage beträgt.

Möglicherweise sind Sie in der Stimmung, in Ihrem Liebesleben ein wenig zu experimentieren oder etwas Neues auszuprobieren. Wahrscheinlich sind Sie und Ihr Partner guter Stimmung und zu gemeinsamen Späßen aufgelegt Heute ist eine gute Gelegenheit, um einmal etwas Extravagantes auszuprobieren. Dies ist die ideale Verbindung aus individuellem Freiraum und Begegnungsfähigkeit.

Prinzip: romantische Ästhetik

Konjunktion der Radix-Venus mit dem Transit-Neptun

Entspricht auch der Konjunktion zwischen dem laufenden Herrscher von Haus zwölf und dem Herrscher von Haus zwei und sieben

Dieser Planetenübergang geht mit einer einzigartigen Steigerung der subjektiven Hingabefähigkeit einher. Das heißt, die Faszination von Dingen, Menschen und Partnern kann so groß werden, dass es zu einer kurzfristigen Aufhebung der Subjekt-Objekt-Schranke und damit zu einer regelrechten Verschmelzung kommt. Im persönlichen Bereich, insbesondere in Partnerschaft und Sexualität, können derartige Erfahrungen ungeheuer wertvoll sein und zu kaum beschreibbaren Glückserlebnissen führen. Ähnliches gilt für spirituelle und mystische Erfahrungen, die in diesem Zeitraum möglich sind.

Es besteht jedoch auch die Gefahr, von anderen Menschen in besonderem Maße verletzt zu werden, da ja unsere natürlichen Schutz- und Abwehrmechanismen jetzt weitgehend außer Kraft gesetzt sind. So sollten Sie, so paradox dies auch klingen mag, Ihre uneingeschränkte Offenheit für jeden und alles nur dann zeigen, wenn Sie sicher sein können, dass behutsam und respektvoll mit Ihnen umgegangen wird.

Dies ist die günstigste Zeit Ihres Lebens, um andere wirklich verstehen zu lernen. Nicht rational mit dem Kopf, aber mit dem Herzen. Sie werden sich in die Psyche jedes Menschen hineinversetzen können, bei dem Sie dies wollen. Soweit es überhaupt möglich ist, werden Sie in dieser Situation in der Lage sein, die Welt mit seinen Augen zu sehen. Wenn Sie hierbei vorsichtig vorgehen und nicht der Gefahr erliegen, sich mit der Persönlichkeit des anderen kritiklos zu identifizieren, so wird eine wahrhaftige Bewusstseinserweiterung möglich. Mit einem Mal können Sie die Welt nicht nur mit Ihren Augen sehen, sondern mit den Augen vieler.

Natürlich ist dieses befristete Geschenk einer ganz außerordentlichen Gabe nicht ohne jegliches Risiko. Die Hauptgefahr liegt in der Identifikation. Übernimmt jemand unbewusst und kritiklos die Bewusstseinsinhalte des Menschen, zu dem er gerade eine seelische Verbindung hergestellt hat, so wird er sich nach der Rückkehr in das Alltagsbewusstsein neben seinen gewohnten Einstellungen auch die Haltungen des anderen zu eigen gemacht haben. Da dies bei jeder Person und bei jeder intensiven Begegnung geschieht, haben Sie Ihr Bewusstsein schnell mit einer Unzahl widersprüchlichster Ansichten und Einstellungen angefüllt. Das Ergebnis wäre vollständige Desorientierung und Verwirrung.

So besteht hier die Notwendigkeit, Lernaufgabe und Herausforderung, sich nach jedem »Verschmelzungsvorgang« aus der Identifikation mit dem anderen zu lösen und zu sich selbst zu finden.

Konjunktion des Radix-Neptun mit der Transit-Venus

Entspricht auch der Konjunktion des laufenden Herrschers von Haus zwei und sieben mit dem Herrscher von Haus zwölf

Der Venus-Übergang dauert nur wenige Tage und ist ein geeigneter Zeitraum zur Kontemplation. Die Bewältigung praktischer Arbeiten funktioniert nur schlecht, die Aufmerksamkeit nach außen und die Reaktionsfähigkeit sind herabgesetzt.

Dafür können Sie Ihren Blick umso besser nach innen richten und einen Zugang zu persönlichsten und verborgensten Beweggründen finden. Empfindungsweisen, Vorlieben und Wünsche, die Sie bei sich nicht verstehen, die Sie womöglich irritieren, können nun begreifbar werden, wenn Sie den Mut haben, die Wahrheit zuzulassen. Die Wahrheit zuzulassen klingt erheblich einfacher, als es ist. In jedem von uns finden sich innere Widersprüche, hässliche Egoismen, lächerliche Ängste und bedrohliche Schuldgefühle, die wir nicht ohne Grund unter der Decke des Bewusstseins verborgen halten. Einer der einfachsten Schutzmechanismen vor unerwünschten Wahrheiten ist die sogenannte Projektion, was nichts anderes heißt, als dass wir unsere eigenen Fehler anderen in die Schuhe schieben.

Der Übergang der Transit-Venus über den Radix-Neptun gibt uns die Gelegenheit, falls wir dazu bereit sind, die ungeliebten Persönlichkeitseigenschaften, die wir so gerne anderen unterstellen, als unsere eigenen erkennen zu können. Das Ergebnis mag manchmal ein wenig schockierend sein. In der Konsequenz fördert es jedoch unsere Begegnungsfähigkeit und unser Verständnis für andere.

Spannungsaspekte (Opposition und Quadrat) der Radix-Venus mit dem Transit-Neptun

Entsprechen auch Spannungsaspekten zwischen dem laufenden Herrscher von Haus zwölf und dem Herrscher von Haus zwei und sieben

In den Monaten der Gültigkeit des Transits besteht die Gefahr, das Opfer von illusionären Hoffnungen und Betrügereien zu werden. Dies betrifft insbesondere Ihre finanzielle Situation wie auch den Partnerschaftsbereich. Schlimmstenfalls lassen Sie sich auf Hochstapler ein und verspielen entweder Ihre materiellen Rücklagen oder Ihr Herz.

Sie sollten sich über die Tatsache im Klaren sein, dass Sie jetzt für jeden ein leichtes Opfer sind, der Ihnen die Erfüllung Ihrer Wünsche vorgaukelt, denn Ihre Bereitschaft, sich in Illusionen zu flüchten, ist groß.

Vermutlich gibt es Menschen in Ihrer direkten Umgebung, die nur auf eine Gelegenheit warten, um Ihnen schaden zu können, zum Beispiel indem sie unerfreuliche Gerüchte über Sie in Umlauf bringen. Das allein ist sicherlich schon unangenehm genug. Geben Sie solchen Intriganten nicht noch die Chance, ihre Verleumdungen beweisen zu können!

Freunde und Partner können Ihnen jetzt absichtlich oder unabsichtlich erheblichen Schaden zufügen, indem diese Fehler begehen, für die dann Sie verantwortlich gemacht werden.

Sie sollten in dieser schwierigen Zeit für alle Ihre Handlungen noch bewusster als sonst persönlich die Verantwortung übernehmen und sich nicht auf die Unterstützung anderer verlassen.

Spannungsaspekte (Opposition und Quadrat) des Radix-Neptun mit der Transit-Venus

Entsprechen auch Spannungsaspekten zwischen dem laufenden Herrscher von Haus zwölf und dem Herrscher von Haus zwei und sieben

Das ist ein wenig bedeutsamer Transit. In den Tagen, in denen dieser Transit Gültigkeit hat, werden Sie vermutlich nicht besonders treffsicher in Ihren Annahmen und Vermutungen bezüglich Ihrer Freunde und Partner sein. Entweder sind Sie unnötig misstrauisch oder gar eifersüchtig, oder Sie sind im Gegenteil in einer Situation vertrauensselig, wo dies nicht durch Tatsachen gerechtfertigt wird.

Vielleicht ziehen Sie auch selbst irgendwelche Heimlichkeiten in Erwägung, was den finanziellen oder auch den partnerschaftlichen Bereich angeht. Von beiden denkbaren Erwägungen sollten Sie die Finger lassen, da Sie von falschen Voraussetzungen ausgehen. Im besten Falle verlieren Sie Geld, im schlimmsten riskieren Sie strafrechtliche Konsequenzen.

Falls Sie Dinge vorhaben, von denen Ihr Partner nichts wissen darf, sollten Sie sehr genau über die Bedeutung Ihrer Beziehung nachdenken und prüfen, ob Sie tatsächlich bereit sind, diese aufs Spiel zu setzen oder zumindest in eine ernsthafte Krise zu stürzen.

Falls dem so ist, wäre eine offene Aussprache der bessere Weg, selbst wenn Sie nicht das Verständnis finden werden, das Sie sich erhoffen. Falls Sie den Bestand Ihrer Partnerschaft nicht riskieren wollen, sollten Sie von Heimlichkeiten erst recht Abstand nehmen. Wenn Sie wollen, können Sie diesen Transit dafür verwenden, sich mit Ihren Illusionen im Beziehungsbereich auseinanderzusetzen. Sie können sich jetzt besser als sonst an die Pannen in Ihren Partnerschaften erinnern, in denen Sie sich falsche Hoffnungen machten oder das Opfer der einen oder anderen Betrügerei wurden.

Wenn Sie die Gründe für Ihr destruktives Wunschdenken verstanden haben, werden diese Begegnungsmuster überwindbar.

Harmonische Aspekte (Trigon und Sextil) der Radix-Venus mit dem Transit-Neptun

Entsprechen auch harmonischen Aspekten des laufenden Herrschers von Haus zwölf mit dem Herrscher von Haus zwei und sieben

Es ist eine angenehme Zeit gesteigerter Emotionalität und Sensibilität im Begegnungsbereich. Für romantische Szenarien jeder Art sind Sie jetzt empfänglicher als sonst. Derartigen Empfindungen sollten Sie ruhig nachgeben, auch wenn Ihnen dies gelegentlich ein wenig peinlich erscheinen mag. Es können sich Situationen ergeben, in denen eine seelische Nähe zu Freunden oder zum Partner entsteht, die Sie vorher nicht für möglich gehalten hätten.

Ohne nervlich angespannt zu sein, haben Sie jetzt doch ein ausgesprochen feines Gespür für alle Formen der Ästhetik, der Kunst, der Stimmigkeit von Situationen und zwischenmenschlichen Prozesse. Zum Partner kann im Idealfall eine Übereinstimmung erreicht werden, die eigentlich keiner Worte mehr bedarf. Es kann sogar ein Gefühl entstehen, als ob Sie telepathisch miteinander verbunden seien.

In praktischen und finanziellen Dingen, aber auch in zwischenmenschlichen Beziehungen ist es während der Gültigkeitsdauer des Transits praktisch unmöglich, Sie zu hintergehen. Wem es dennoch gelingt, gegen Sie zu intrigieren, der wird sich selbst schaden und damit letztlich wieder Ihnen nützen.

Harmonische Aspekte (Trigon und Sextil) des Radix-Neptun mit der Transit-Venus

Entsprechen auch harmonischen Aspekten zwischen dem laufenden Herrscher von Haus zwei und sieben und dem Herrscher von Haus zwölf

Dies ist ein recht schwacher Transit, der vermutlich kaum merklich an Ihnen vorübergeht, wenn Sie sich nicht entschließen, ihn aktiv für sich nutzbar zu machen.

Die effektivste Möglichkeit wäre, dass Sie sich ein wenig Zeit nehmen, um darüber nachzudenken, in welchen Situationen in Ihrem Leben Sie in finanziellen Dingen, aber auch im Umgang mit Freunden und Partnern das richtige Gespür, den richtigen Riecher hatten. Versuchen Sie mehrere Situationen miteinander zu vergleichen und finden Sie die Gemeinsamkeiten in den Begleitumständen heraus. Auf diese Weise können Sie Ihre Intuition in diesen wichtigen Lebensbereichen stärken und fördern.

Dies ist auch eine gute Gelegenheit, um herauszufinden, welche Menschen Sie wirklich mögen und aus welchen Gründen.

Venus-Pluto-Transite

Prinzip: vorstellungsbezogene Begegnungsfähigkeit

Konjunktion der Radix-Venus mit dem Transit-Pluto

Entspricht auch der Konjunktion des laufenden Herrschers von Haus acht und dem Herrscher von Haus zwei und sieben

In den Wochen oder Monaten, in denen dieser Transit gilt, sollten Sie besondere Vorsicht walten lassen. Schneller, als Ihnen lieb ist, könnten Sie in Situationen kommen, in denen sich unbedachte und vorschnelle Zusagen, Verträge, Vereinbarungen etc. rächen.

In dieser Phase, die einige Monate andauern kann, werden andere mit einer Intensität auf Sie zukommen, der Sie sich nur schwer verschließen können. Im Extremfall kommt es hier hin und wieder sogar zu Bedrohungsgefühlen und Angstzuständen. Dies ist allerdings ein deutliches Zeichen dafür, dass Sie offenbar Angst vor Ihrer eigenen Attraktivität (welche nicht nur physischer Art sein muss) haben. Vermutlich befürchten Sie unbewusst, Erwartungen in anderen zu wecken, die Sie nicht erfüllen können.

Deutlicher als sonst spüren Sie, was andere von Ihnen wollen und erwarten. In der Tat ist dies eine einmalige Gelegenheit, zu erfahren, was Sie bei Ihren Mitmenschen – insbesondere dem anderen Geschlecht – auslösen. Da dieser Transit sich niemals mehr wiederholt, sollten Sie die Chance nutzen und das Bild, das andere von Ihnen haben, so gut wie möglich kennenlernen. Dies kann Ihnen helfen zu lernen, auf Ihre Umwelt so zu wirken, wie Sie auch wahrgenommen werden wollen.

Pluto-Transite über die Venus sind eine außergewöhnliche Chance, mit sich selbst ins Reine zu kommen, indem Sie Ihren Freunden und Partnern niemals etwas versprechen, das Sie nicht halten können und wollen.

Konjunktion des Radix-Pluto mit der Transit-Venus

Entspricht auch der Konjunktion des laufenden Herrschers von Haus zwei und sieben und dem Herrscher von Haus acht

Heute ist Zahltag, und Ihre Umgebung wird Ihnen das geben, was Sie sich verdient haben. Alte Schulden werden beglichen – im Positiven wie im Negativen.

Natürlich wissen Sie schon lange, was Ihnen zu Ihrem Glück noch fehlt. Der Venus-Transit über den Pluto wird Ihnen auf die eine oder andere Art zeigen, was Sie tun müssen, um Ihren eigenen Ansprüchen zu genügen. Es ist kein lang andauernder und auch kein mächtiger Transit. Aber irgendjemand oder irgendetwas wird Ihnen zeigen, was Sie heute tun können, um den Erwartungen, die Sie an sich selbst stellen, ein Stück gerechter zu werden.

Wie bereits zu Anfang gesagt: Es ist Zahltag; das heißt, es findet etwas statt, das Anspruch und Wirklichkeit ein wenig mehr in die Balance bringt. Je nach Ausgangslage kann dies ein sehr beglückender, aber auch ein schmerzhafter Vorgang sein.

Spannungsaspekte (Opposition und Quadrat) der Radix-Venus mit dem Transit-Pluto

Entsprechen auch Spannungsaspekten des laufenden Herrschers von Haus acht mit dem Herrscher von Haus zwei und sieben

In den Wochen oder Monaten, in denen dieser Transit gilt, sollten Sie in Ihren zwischenmenschlichen Beziehungen besondere Vorsicht walten lassen. Schneller, als Ihnen lieb ist, können Sie in Situationen kommen, in denen sich unbedachte und vorschnelle Vereinbarungen rächen. Es besteht eine erhöhte Neigung zu schwerwiegenden Missverständnissen in Partnerschaften und Freundschaften. Wenn sich nicht beide Seiten um Fairness und die Kontrolle überschießender Emotionen bemühen, können jetzt sogar langjährige Freundschaften auseinandergehen.

Dass dieser Transit oft erotische und sexuelle Bedürfnisse in besonderem Maße aktiviert, kompliziert die Angelegenheit noch. Dies gilt für Sie selbst, indem Sie vermutlich in besonderem Maße anderen Menschen das Gefühl geben werden, Sie seien an einer Partnerschaft interessiert, während das in Wahrheit gar nicht der Fall ist. Umgekehrt haben Sie möglicherweise Schwierigkeiten, die Aufmerksamkeit der Person zu erregen, an der Sie wirklich interessiert sind.

Falls Sie in einer festen Bindung leben, besteht die Gefahr, dass Sie oder Ihr Partner sich auf Affären einlassen, die Ihre Beziehung zerstören können, ohne dass es die Sache wert gewesen wäre.

Ein Ereignis oder eine Person wird Sie heftig und möglicherweise auch schmerzhaft an die Einlösung einer Verpflichtung erinnern, die Sie am liebsten vergessen hätten. So unangenehm, wie die hieraus entstehende Situation ist, so bietet Sie Ihnen doch die Möglichkeit, mit Menschen, an denen Ihnen einmal viel lag, wieder ins Reine zu kommen.

Sie sollten sich in besonderem Maße bemühen, Ihr Temperament zu zügeln, und jede Form von Aggression meiden. Lassen Sie nicht zu, dass jemand versucht, Ihnen in irgendeiner Weise zu drohen oder Sie gar zu erpressen. Stellen Sie von Anfang an eindeutig klar, dass Sie Ihre Verpflichtungen vollständig einlösen, auf überhöhte Forderungen oder Druck jedoch höchst unangenehm reagieren werden.

In der Regel geht es bei diesen Auseinandersetzungen um Geld, Verträge und Partnerschaft. Es ist in diesen heiklen Bereichen absolut notwendig, vollständige Klarheit zu schaffen, wenn es sein muss, auch mithilfe eines Rechtsanwalts oder Notars.

Versuchen Sie nicht zu tricksen und darauf zu hoffen, dass die Gegenseite einen wesentlichen Punkt übersieht. Begleichen Sie Ihre Schuld, aber zeigen Sie die Zähne, sobald die Gegenseite Ihr Entgegenkommen als Schwäche auszunutzen versucht. Dieser lang dauernde, intensive und tief gehende Transit stellt all Ihre Bindungen infrage. Partnerschaft, Freundschaften, Überzeugungen, Verträge, moralische Verpflichtungen usw., alles, woran Sie sich in Ihrem Leben gebunden haben, wird auf seinen Wert geprüft. Alles, was diese Prüfungen besteht, wird die Zeit überdauern.

Spannungsaspekte (Opposition und Quadrat) des Radix-Pluto mit der Transit-Venus

Entsprechen auch Spannungsaspekten des laufenden Herrschers von Haus zwei und sieben mit dem Herrscher von Haus acht

Dieser Transit dauert nur einen Tag und ist nur selten von besonders intensiver Wirkung. Vermutlich sind Sie heute seelisch ein wenig unausgeglichen. Vielleicht versucht jemand, Ihnen wegen einer alten Sache Schuldgefühle zu machen. Falls er recht hat, bringen Sie die Sache in Ordnung und beschäftigen Sie sich nicht mehr damit.

Sie sollten heute keine verbindlichen Zusagen machen und persönlichen Treffen aus dem Weg gehen, denen Sie eine langfristige Bedeutung beimessen.

Harmonische Aspekte (Trigon und Sextil) der Radix-Venus mit dem Transit-Pluto

Entsprechen auch harmonischen Aspekten des laufenden Herrschers von Haus acht mit dem Herrscher von Haus zwei und sieben

Dieser Transit bietet Ihnen die Möglichkeit, dass Ihnen im finanziellen oder privaten Bereich die Sicherheiten und Verträge angeboten werden, nach denen Sie sich schon lange sehnten. Verständnis und Geduld zahlen sich nun aus. Sie stehen auf angenehme Weise im Vordergrund und können dies auch angemessen genießen. Was Sie in diesen Wochen beginnen, wird Ihnen leicht von der Hand gehen, da jetzt viele Ihre Nähe suchen und Sie unterstützen möchten. Ihre Attraktivität wirkt anregend und motivierend auf Ihre Umgebung. In Ihrem Leben gibt es einige Wünsche und Hoffnungen, an deren Erfüllung Sie nur selten und vielleicht sogar ein wenig verschämt denken, da sie Ihnen etwas vermessen erscheinen und Sie Angst vor der Enttäuschung haben. Jetzt ist die Zeit gekommen, einige Hoffnungen wahr werden zu lassen.

Menschen werden auf Sie zukommen und Sie werden Angebote erhalten, die Sie der Verwirklichung Ihrer Ziele näher bringen. Bei allem berechtigten Optimismus sollten Sie sich jedoch auch über die Konsequenzen im Klaren sein, denn selbst die positivsten Veränderungen ziehen Folgen nach sich, die bewältigt werden wollen. Wenn Sie zum Beispiel endlich Ihre Traumfigur erreicht haben sollten, so werden Sie natürlich auch neue Garderobe benötigen. Wenn Ihnen Ihr Traumjob angeboten wird, müssen Sie möglicherweise veränderte Arbeitszeiten oder einen Umzug in Kauf nehmen.

Harmonische Aspekte (Trigon und Sextil) der Radix-Pluto mit der Transit-Venus

Entsprechen auch harmonischen Aspekten des laufenden Herrschers von Haus acht mit dem Herrscher von Haus zwei und sieben

Dieser Transit wirkt nur kurz und wenig intensiv. Möglicherweise profitieren Sie von früher einmal abgeschlossenen Verträgen und Vereinbarungen. So könnten Zahlungen einer Versicherung fällig werden, oder Sie erhalten Zinszahlungen aus Geldanlagen.

Heute ist ein besonders geeigneter Tag für alle Arten von Aktivitäten mit Menschen, denen Sie sich verbunden fühlen oder denen gegenüber Sie Verpflichtungen haben.

Mars-Transite

Prinzip: expansive Durchsetzungsfähigkeit

Konjunktion des Radix-Mars mit Transit-Jupiter

Entspricht auch der Konjunktion zwischen dem laufenden Herrscher von Haus neun und dem Herrscher von Haus eins

Dieser Transit bringt eine massive Erweiterung Ihrer Durchsetzungsmöglichkeiten mit sich. Alles, wofür Sie sich persönlich einsetzen, scheint zu gelingen. Vor allem im Sport, am Arbeitsplatz, in der Sexualität und in Konkurrenzsituationen sind besonders angenehme Erfolge möglich.

Wichtig ist hierbei allerdings, dass Sie Ihre Ansprüche nicht maßlos hochschrauben oder durch die momentane Glückssträhne überheblich werden. In derartigen Fällen ist der Absturz schon programmiert, und Sie werden zum Gespött Ihrer Umgebung.

Wenn diese Vorsichtsmaßnahmen beachtet werden, ergeben sich erstaunliche Erweiterungsmöglichkeiten bei der Verwirklichung persönlicher Interessen. Diese können an einen herangetragen oder auch selbst entdeckt werden.

Konjunktion des Radix-Jupiter mit Transit-Mars

Entspricht auch der Konjunktion zwischen dem laufenden Herrscher von Haus eins und dem Herrscher von Haus neun

Dies ist der richtige Zeitpunkt, um über Ihre Vorstellungen von sozialer Gerechtigkeit und mitmenschlicher Toleranz nicht nur zu reden, sondern tatsächlich aktiv etwas dafür zu tun. Sie werden mit Situationen konfrontiert, in denen andere auf Ihre Großzügigkeit angewiesen sind, sie sollten nicht zögern, sie zu unterstützen und sich für die Wahrung ihrer Interessen einzusetzen.

Möglicherweise gibt es auch Leute, die der Ansicht sind, Ihnen gehe es zu gut, Sie hätten zu viel Glück oder fänden zu viel soziale Anerkennung. Diese Angriffe können, wenn Sie richtig damit umgehen, nicht zum Erfolg führen. Dennoch sollten Sie sie nicht auf die leichte Schulter nehmen, da Sie die Situation nur dann ohne Verluste überstehen, wenn Sie für Ihre Interessen kämpfen und sich Ihrer Überlegenheit nicht übertrieben sicher sind.

Häufig wirkt sich der Transit positiv in Hinsicht auf erotische oder sexuelle Abenteuer aus, insbesondere, wenn sie im Urlaub stattfinden.

Spannungsaspekte (Opposition und Quadrat) des Radix-Mars mit dem Transit-Jupiter

Entsprechen auch Spannungsaspekten zwischen dem laufenden Herrscher von Haus neun und dem Herrscher von Haus eins

In der Regel bringt dieser Transit wenige dramatische Entsprechungen mit sich. Sie werden sich jedoch vermutlich für einige Wochen wesentlich reizbarer fühlen als sonst. Ein Grund hierfür könnte sein, dass Sie mit der Arbeit bis an die Grenze des Erträglichen überlastet sind. Natürlich liegt hierin auch eine Herausforderung zu persönlichem Wachstum, denn nur wer Überforderungen bewältigt, ist auch neuen und größeren Aufgaben gewachsen.

Möglicherweise haben Sie das Gefühl, inmitten einer ausgeprägten Pechsträhne zu stecken. In der Durchsetzung persönlicher Interessen und Pläne werden Sie nur mäßig bis überhaupt nicht erfolgreich sein. Hier sollten Sie allerdings nicht die Flinte ins Korn werfen und auf bessere Zeiten warten, sondern Ihre Anstrengungen bis auf die maximale Stufe steigern, die Sie über einige Wochen hinweg aufrechterhalten können. Was Sie unter diesen Bedingungen durchsetzen können, gegen widrige Umstände und eine unkooperative Umwelt, ist einzig und allein Ihr persönliches Verdienst. Wenn die konkreten Erfolge auch klein sein mögen und hart erarbeitet wurden, so tragen sie doch zum verdienten Wachstum Ihrer Selbstachtung bei. Dies sollten wir keinesfalls geringschätzen.

Spannungsaspekte (Opposition und Quadrat) des Radix-Jupiter mit dem Transit-Mars

Entsprechen auch Spannungsaspekten zwischen dem laufenden Herrscher von Haus eins und dem Herrscher von Haus neun

Übertreibungen und Exzesse können sich jetzt rächen. Wenn Sie anderen mehr versprochen haben, als Sie halten konnten, werden Sie jetzt wohl oder übel die Rechnung dafür zahlen müssen. Der Rückzug auf einen überheblichen und arroganten Standpunkt nützt Ihnen überhaupt nichts, sondern verschlimmert die Lage nur. Sie sollten Ihren falschen Stolz lieber aufgeben, Ihre Fehler eingestehen und sich aufrichtig um Ihre Bereinigung bemühen. Anderenfalls haben Sie jetzt gute Chancen, es sich mit Ihrem gesamten Freundes- und Bekanntenkreis zu verderben.

Alkoholmissbrauch und andere Übertreibungen können jetzt unangenehme gesundheitliche Folgen nach sich ziehen. Eine erhöhte Neigung zu Infektionen und entzündlichen Erkrankungen ist vorhanden. Kaffee und andere Aufputschmittel sollten Sie für einige Wochen meiden, da dies Ihre Abwehrkräfte noch mehr reduziert. Lernaufgabe und Herausforderung dieses Transits ist die realistische Einschätzung Ihrer Kräfte, um unnötige Zusammenbrüche zu vermeiden.

Harmonische Aspekte (Trigon und Sextil) des Radix-Mars mit dem Transit-Jupiter

Entsprechen auch harmonischen Aspekten zwischen dem laufenden Herrscher von Haus neun und dem Herrscher von Haus eins

Ihre gesamte Umwelt kommt Ihnen bei der Verwirklichung Ihrer Wünsche und Interessen entgegen. Was immer Sie auch durchsetzen wollen, Ihnen wird wesentlich weniger Widerstand als sonst entgegengebracht. Die Arbeit und körperliche Aktivitäten machen Ihnen wieder mehr Spaß, weil Sie sich darüber im Klaren sind, warum Sie all diese Anstrengungen auf sich nehmen. Da Sie spüren, dass Sie allen Herausforderungen gewachsen sind, fühlen Sie sich seelisch ausgeglichen und sind in einer optimistischen Stimmung.

Am Arbeitsplatz oder in einem anderen wichtigen Bereich erhalten Sie jetzt die Vorteile, auf die Sie schon lange hingearbeitet haben. Ihre Bemühungen in der Vergangenheit werden jetzt anerkannt und honoriert.

Harmonische Aspekte (Trigon und Sextil) des Radix-Jupiter mit dem Transit-Mars

Entsprechen auch harmonischen Aspekten zwischen dem laufenden Herrscher von Haus eins und dem Herrscher von Haus neun

Vermutlich haben Sie gerade eine Zeit hinter sich, in der Sie glaubten, dass all Ihre Bemühungen vergeblich sind. Harte Anstrengungen brachten nicht den Erfolg, den Sie sich erhofft hatten, und vielleicht waren Sie sogar kurz davor zu resignieren. Dies ist glücklicherweise vorbei, Sie haben klare Ziele vor Augen, und die Arbeit macht Ihnen Spaß, weil es Ihnen gelingt, viel in kurzer Zeit erfolgreich zu bewältigen.

Falls Sie Schulden haben oder in anderer Hinsicht in ernsthaften Schwierigkeiten stecken, können Sie jetzt mit der aktiven Unterstützung von Freunden rechnen. Es wäre ein Fehler, gutgemeinte und großherzige Angebote auszuschlagen. Sinnvoller ist es, die Hilfe anzunehmen und sich bei Gelegenheit angemessen zu revanchieren.

Prinzip: strukturierte Durchsetzungsfähigkeit

Konjunktion des Radix-Mars mit dem Transit-Saturn

Entspricht auch der Konjunktion des laufenden Herrschers von Haus zehn mit dem Herrscher von Haus eins

Zu Unrecht wird dieser Transit von vielen Astrologen als ausgesprochen ungünstig oder gar bedrohlich interpretiert. In Wahrheit bieten sich hier ausgesprochen wertvolle Chancen, die lediglich aufgrund der völlig veralteten Wertung, dass hier zwei »Übeltäter« Zusammenkommen, häufig übersehen werden. Saturnübergänge über den Mars entsprechen einer Konzentration der instinktiven Kräfte. Die angeborene physische und psychische Energie wird jetzt verwandt, um uns unserem wahren Lebensziel näher zu bringen. Besser als zu anderen Zeitpunkten können wir jetzt erkennen, wo wir uns in überflüssigen und unproduktiven Aktivitäten verlieren, die uns letztlich nur die Zeit stehlen, die wir benötigen, um das zu verwirklichen, was wir wirklich im Leben wollen. Dieses Lebensziel kann sich zum Beispiel im Beruf, im sozialen Engagement, in Partnerschaft und Familie oder auch in der persönlichen spirituellen Entwicklung widerspiegeln.

Natürlich kann die Verwirklichung unseres wahren Willens nicht nur ein reines Vergnügen sein. Schließlich müssen wir hier auf manche angenehmen, aber unproduktiven oder sogar schädlichen Vergnügungen verzichten. Wenn wir zum Beispiel unter Übergewicht leiden und aus ästhetischen und gesundheitlichen Gründen abnehmen wollen, wird es uns anfangs sicherlich schwerfallen, eine angemessene Diät durchzuhalten und regelmäßig Sport zu treiben. Doch wie wir alle wissen, ist die Befriedigung, durchgehalten und endlich die Idealfigur erreicht zu haben, so groß, dass dies für alle Mühen mehr als entlohnt. Der Saturn-Transit über den Radix-Mars verhilft uns jedoch zu der Ausdauer, die wir benötigen, um ehrgeizige und langfristige Ziele erreichen zu können.

Unangenehm empfunden werden kann dieser Transit nur in den Lebensbereichen, in denen wir uns einer Weiterentwicklung verschließen. In diesen Fällen werden wir die ansonsten positive Konzentration auf Wesentliches als unangenehme bis schmerzhafte Einschränkung von außen erleben. Es werden Grenzen gesetzt, die wir nicht hinnehmen wollen oder gegen die wir gar mit aller Kraft ankämpfen. Hier kann es im Extremfall zu schlimmen Streitigkeiten, Gerichtsprozessen, der Entwicklung chronischer Krankheiten und auch physischen Verletzungen kommen.

Wenn es uns jedoch gelingt, diese Neigung zu spätpubertärer Rebellion zu überwinden, dann können wir in den Wochen, in denen der Transit Gültigkeit hat, die Richtung bestimmen, in die wir uns die nächsten dreißig Jahre weiterentwickeln wollen. Eine Chance also, die viel zu selten ist, um sie ungenutzt verstreichen zu lassen.

Konjunktion des Radix-Saturn mit dem Transit-Mars

Entspricht auch der Konjunktion des laufenden Herrschers von Haus eins mit dem Herrscher von Haus zehn

Dieser Transit wiederholt sich im Abstand von zirka zwei Jahren und hat ungefähr zwei Wochen Gültigkeit. Die Auswirkungen der Konstellation sind zweifach: Zum einen ist dies eine günstige Zeit, um Ihre persönlichen Grenzen und Maßstäbe mit Nachdruck zu verteidigen. Mit hoher Wahrscheinlichkeit wird jemand – etwa ein Vorgesetzter – Dinge von Ihnen fordern, die Sie moralisch ablehnen, die Sie überfordern und die auch nicht in Ihrem Interesse liegen. Dies gilt besonders für Ihre Beziehungen in Beruf und Gesellschaft. Falls Sie meinen, hier wider besseres Wissen nachgeben zu müssen – zum Beispiel, weil Sie Sanktionen fürchten, so können sich für Sie ausgesprochen unangenehme Konsequenzen ergeben. Sie sollten bedenken, dass zwar versucht wird, Sie in etwas hineinzudrängen, das Sie gar nicht wollen, doch für die Folgen werden ganz allein Sie verantwortlich gemacht werden. Dies gilt natürlich in besonderem Maße für Aktivitäten, die außerhalb der Legalität liegen. Eine erzwungene »Gefälligkeit« verschafft Ihnen keinerlei Vorteile, sondern macht Sie im Gegenteil erpressbar. Auch wenn dies sicherlich eine extreme Entsprechung ist, so sollten Sie diese Möglichkeit doch in Betracht ziehen und es tunlichst vermeiden, Ihren Hals freiwillig in die Schlinge zu legen.

Bei diesen Entsprechungen handelt es sich um den seltenen Fall, dass Härte und Unnachgiebigkeit die einzigen Möglichkeiten sind, mit der Herausforderung angemessen umzugehen. Je massiver Sie angegangen werden, um so heftiger müssen Sie sich zur Wehr setzen. Wenn Sie solche Situationen als Test Ihres Stehvermögens betrachten, können Sie an ihnen wachsen und von ihnen profitieren.

Auf der anderen Seite können allerdings auch Ereignisse eintreten, die Sie mit der Tatsache konfrontieren, dass Sie Ihren Lebensrahmen neu abstecken sollten. Hierbei kann es sich sowohl um eine berufliche Veränderung handeln als auch um die Trennung von lieb gewordenen, aber mittlerweile nicht mehr sinnvollen Gewohnheiten. So kann – nur um ein Beispiel zu nennen – etwa die ehrenamtliche Tätigkeit für einen Verein oder eine soziale Einrichtung für Sie nicht mehr angemessen sein, weil die ursprünglichen Gründe für Ihr Engagement nicht mehr gegeben sind oder Sie mittlerweile andere Prioritäten setzen müssen. Wenn Sie aus Gewohnheit oder falsch verstandenem Pflichtgefühl an diesen Aktivitäten festhalten, werden Sie letztlich sich und anderen nur Schaden zufügen. Sie sollten deshalb diesen Transit dafür nutzen, um genau zu prüfen, in welchen Lebensbereichen Sie sich eingeengt und unangenehm gebunden fühlen. Von Lebensaufgaben und Zielen, zu denen Sie nicht mehr hundertprozentig stehen können, sollten Sie sich jetzt verabschieden.

Spannungsaspekte (Opposition und Quadrat) des Radix-Mars mit dem Transit-Saturn

Entsprechen auch Spannungsaspekten zwischen dem laufenden Herrscher von Haus zehn und dem Herrscher von Haus eins

In der Durchsetzung Ihrer persönlichen Interessen werden Sie sich gebremst oder sogar blockiert fühlen. Sobald Sie etwas Neues beginnen, tritt Ihnen Widerstand entgegen, aber auch Bewährtes funktioniert mit einem Mal nicht mehr wie sonst. Hier ist es hilfreich herauszufinden, welche grundlegenden Entscheidungen Sie getroffen haben, als sich der Saturn das letzte Mal in Konjunktion mit Ihrem Radix-Mars befand. Haben Sie tatsächlich die Schritte unternommen, die Sie als richtig und notwendig erkannt haben, oder haben Sie doch wider besseres Wissen an alten Mustern und Gewohnheiten festgehalten? Wenn Ersteres zutrifft, so erleben Sie jetzt eine Konsolidierungs- und Festigungsphase. So wird die scheinbare Stagnation in Wahrheit dazu beitragen, dass Sie Ihre Pläne verwirklichen können. Echte Blockaden ergeben sich lediglich bei Aktivitäten, die nicht in Ihrem Interesse liegen, auch wenn dies in der Situation nicht unmittelbar einsehbar ist. Beispielsweise hatte ein erfolgreicher Geschäftsmann aus unerfindlichen Gründen keine Lizenzverlängerung des Elektronikunternehmens erhalten, das sein ausschließlicher Lieferant war. Mit großen Mühen sattelte er um und eröffnete ein Bekleidungsgeschäft, das schon nach kurzer Zeit große Gewinne abwarf. Sein ursprünglicher Lieferant hingegen machte binnen eines Jahres mangels Nachfrage Pleite. Wäre die Lizenz unseres Unternehmers verlängert worden, so wäre auch seine Geschäftsgrundlage ruiniert gewesen, und er hätte sich von dem finanziellen Verlust kaum erholen können, geschweige denn das Kapital gehabt, einen neuen Laden zu eröffnen. In ähnlicher Weise werden sich auch bei Ihnen scheinbare Rückschläge und Hindernisse im Nachhinein als Vorteil erweisen.

Wenn Sie allerdings herausfinden, dass Sie zum Zeitpunkt der letzten Mars-Saturn-Konjunktion vor notwendigen Entscheidungen und

Richtungsänderungen in Ihrem Leben zurückschreckten, so ist jetzt die Gelegenheit, Korrekturen vorzunehmen. Dies kann den Beruf, aber auch jedes andere Lebensthema betreffen, das Ihnen am Herzen liegt. Vermutlich werden Sie einiges an Schwierigkeiten und Verlusten in Kauf nehmen müssen, da Sie sich jahrelang für ungeeignete Ziele engagiert haben und an überholten Lebensmustern festhielten. Dennoch sollten Sie jetzt diesen Schritt wagen, da es kaum Sinn hat, noch länger an sich selbst vorbeizuleben. Ihre persönliche Motivation und Freude am Leben würden beständig abnehmen, einfach weil Sie sich in einem Rahmen bewegen, der nicht der Ihre ist. Ob Sie sich richtig entschieden haben, lässt sich leicht daran erkennen, dass Sie plötzlich über eine ganz außergewöhnliche Energie und Ausdauer verfügen, die Ihnen die Kraft geben, auch große Hindernisse zu überwinden.

Spannungsaspekte (Opposition und Quadrat) des Radix-Saturn mit dem Transit-Mars

Entsprechen auch Spannungsaspekten zwischen dem laufenden Herrscher von Haus eins und dem Herrscher von Haus zehn

Für die Dauer dieses Transits, die etwa zwei Wochen beträgt, werden Sie mit der Unvereinbarkeit Ihrer augenblicklichen Interessen mit Ihren langfristigen Zielen zu kämpfen haben. Natürlich ist dies ein guter Prüfstein, um herauszufinden, wie sehr Sie hinter dem stehen, was Sie anstreben.

Dies gilt insbesondere für Beruf und Karriere, aber auch zum Beispiel für die Bildung von Rücklagen und die Altersversorgung. In all diesen Bereichen müssen Sie momentane Einschränkungen in Kauf nehmen, wenn Sie später von ihnen profitieren wollen. Wenn Sie zum Beispiel jeden Pfennig sparen, um sich in vielen Jahren ein Haus leisten zu können, wäre jetzt zu prüfen, ob dieses Ziel tatsächlich ein solch großes Opfer wert ist. Vielleicht finden Sie heraus, dass Sie in einer Mietwohnung fast genauso angenehm leben können. Das Geld, das für den Hauskauf zurückgelegt wurde, stünde dann für anderes wie etwa Urlaub oder ein neues Auto zur Verfügung.

Auf der anderen Seite könnte bei diesem Transit zum Beispiel die Tendenz bestehen, eine Berufsausbildung oder ein Studium, die bereits kurz vor dem Abschluss stehen, abzubrechen. Mit einem Mal verlieren Sie jede Motivation und werfen so kurz vor dem Ziel etwas weg, für das Sie lange und hart gearbeitet haben, sodass alle Anstrengungen umsonst waren.

Sie sollten bei diesem Transit also weder vorschnell Ihre langfristigen Ziele über den Haufen werfen noch um jeden Preis an ihnen festhalten. Wenn Sie feststellen, dass sich an dem, was Sie wollen, nichts geändert hat, werden Sie aus diesem schwierigen Prozess gestärkt und mit noch eindeutigeren Standpunkten hervorgehen.

Im anderen Falle ist es sinnlos, etwas nur deshalb weiterzuverfolgen, weil Sie dies einmal so beschlossen haben. Hier sollten Sie Ihre Kräfte für eine energische Umorientierung nutzen.

Harmonische Aspekte (Trigon und Sextil) des Radix-Mars mit dem Transit-Saturn

Entsprechen auch harmonischen Aspekten zwischen dem laufenden Herrscher von Haus zehn und dem Herrscher von Haus eins

Dies ist ein günstiger Zeitraum, um die Umsetzung hochgesteckter Ziele energisch voranzutreiben. Sie verfügen jetzt über viel Ausdauer und Konzentrationsvermögen, sodass Sie mit hoher Wahrscheinlichkeit begonnene Projekte auch zu Ende führen werden.

Insbesondere im beruflichen Bereich besteht die Möglichkeit, eine angestrebte Position zu erreichen.

Jetzt haben Sie eine Chance, persönliche Interessen und berufliche und gesellschaftliche Aufgaben miteinander in Einklang zu bringen. Projekte, die Sie bei der letzten Konjunktion des laufenden Saturn über Ihren Mars begonnen haben, können nun zu einem erfolgreichen Abschluss kommen oder zumindest erste Früchte zeigen.

Harmonische Aspekte (Trigon und Sextil) des Radix-Saturn mit dem Transit-Mars

Entsprechen auch harmonischen Aspekten zwischen dem laufenden Herrscher von Haus eins und dem Herrscher von Haus zehn

Falls Sie Auseinandersetzungen oder Verhandlungen mit Behörden führen müssen, so ist jetzt ein günstiger Zeitpunkt, damit zu beginnen. Sie können während der Dauer dieses Transits, die etwa eine Woche beträgt, Ihre Wünsche und Vorstellungen besonders gut gegenüber Institutionen und Ämtern durchsetzen. Dies ist eine Konstellation der Beharrlichkeit, das heißt, selbst Anträge und Anliegen, die Sie schon einmal ergebnislos vorbrachten, haben jetzt eine Chance auf Erfolg. Dies gilt vor allem dann, wenn Sie unmissverständlich, aber freundlich deutlich machen, dass Sie Ihre Eingaben so lange wiederholen werden, bis ihnen stattgegeben wird.

Mars-Uranus-Transite

Prinzip: instinktiver Freiheitsdrang

Konjunktion des Radix-Mars mit dem Transit-Uranus

Entspricht auch der Konjunktion des laufenden Herrschers von Haus elf mit dem Herrscher von Haus eins

Dieser Aspekt kommt, wenn überhaupt, meist nur einmal im Leben vor, da der Uranus etwa 84 Jahre benötigt, um ein zweites Mal die gleiche Stelle im Horoskop erreichen zu können. Dementsprechend lang anhaltend und tief gehend ist die Wirkung dieser Konstellation.

Der Übergang des Uranus über den Mars im Geburtshoroskop kennzeichnet einen Zeitraum intensiver, heftiger und radikaler Bedürfnisveränderungen. Unterdrückte Aggressionen und Triebe,

Neid, Konkurrenzorientierung und Dominanzstreben brechen plötzlich und unvermutet an die Oberfläche. Inhaltlich geht es hier um die Durchsetzung unserer wahren Individualität, das heißt von dem, was uns so sehr von allen anderen unterscheidet, dass es niemanden gibt, mit dem wir diesen Teil unserer Persönlichkeit teilen könnten.

Je länger und je intensiver wir unsere instinktive Eigenart unterdrückt haben, um so größere Aggressionen brechen auf, um den Panzer unserer ungewollten Durchschnittlichkeit zu überwinden.

In einigen Fällen kann sich ein kurzfristiger Hang zur Gewalttätigkeit ergeben, dem Sie auf der psychischen Ebene bis zu einem gewissen Grad nachgeben sollten, während Sie im Körperlichen sinnvolle Kompensationen wie Sport oder harte physische Arbeit wählen werden.

Bei beiden Geschlechtern, insbesondere jedoch bei Männern, ist oft ein ganz außergewöhnliches Ansteigen des Sexualtriebes zu beobachten, der so massiv werden kann, dass sich Beziehungspartner häufig überfordert fühlen.

Häufig geht mit diesem Transit auch ein Wechsel des Bekannten- und Freundeskreises einher, da Sie jetzt in einem Maße konfliktorientiert bis hin zur Streitsucht sind, dass viele diesen Prozess nicht mittragen können oder wollen.

Die neu erworbene, aber noch ungefestigte Durchsetzung der eigenen Individualität kann nicht immer gleich problemlos gelebt werden, oft kommt es zu Experimenten mit Konkurrenz- und Wettkampfsituationen, in denen Sie anfangs sicherlich gelegentlich auch einmal den Bogen überspannen.

Dies klingt vermutlich dramatischer, als es ist, denn solch einschneidende Lebensveränderungen gehen an niemandem spurlos vorüber, egal, wie positiv sie letztlich auch sein mögen. Lernaufgabe und Herausforderung ist es hier, mit jeder Form von Selbstverleugnung endgültig abzuschließen und die volle Verantwortung für die eigenen Bedürfnisse und die sich daraus ergebenden Handlungen zu übernehmen.

Konjunktion des Radix-Uranus mit dem Transit-Mars

Entspricht auch der Konjunktion zwischen dem laufenden Herrscher von Haus eins und dem Herrscher von Haus elf

Transite zwischen Radix-Uranus und Transit-Mars gelten wie alle Mars-Uranus-Verbindungen als klassische Unfallkonstellationen.

Richtig an dieser Theorie ist die hier vorherrschende Tendenz zu Überreaktionen und frei fluktuierender Aggression. In der einen oder anderen Form könnten Sie Ihre Energie überschätzen, sodass es zu Ausfallerscheinungen kommen kann, die in seltenen Fällen auch einmal zu Unfällen führen.

Dieser Transit dauert etwa eine Woche an. In dieser Zeit haben Sie die Neigung, aus gewohnten Aktionsmustern auszubrechen, und möglicherweise sogar das Verlangen, einmal ein wenig Superman oder Superwoman zu spielen. Dass Sie es hier nicht als Erstes mit einem Freiflug aus dem Fenster versuchen, sollte klar sein ...

Gegenüber allen Experimenten, die Ihre individuelle Eigenart herausstellen, sind Sie jetzt in besonderem Maße aufgeschlossen. So begrüßenswert, wie diese Neigung auch ist, sollten Sie sich doch darüber im Klaren sein, dass übertriebene Originalität schnell ein wenig harlekinesk wirkt. Der Grat zwischen dem Mut zur persönlichen Note und der Lächerlichkeit ist schmal.

Spannungsaspekte (Opposition und Quadrat) des Radix-Mars mit dem Transit-Uranus

Entsprechen auch Spannungsaspekten zwischen dem laufenden Herrscher von Haus elf und dem Herrscher von Haus eins

Bei diesem lang anhaltenden Transit müssen Sie damit rechnen, dass unerwartete und heftige Auseinandersetzungen auf Sie zukommen, die Ihr Leben gründlich verändern.

Frühere Aggressionen auf Kosten anderer, aber auch der mangelnde Mut, seine persönlichen Interessen zu vertreten und durchzusetzen, können sich jetzt ausgesprochen unangenehm rächen. Sie müssen mit Angriffen auf Ihre gesellschaftliche Position rechnen, die Ihren Status und Ihre Karriere erheblich gefährden können.

Falls tatsächlich derartig gravierende Fehler zu korrigieren sind, werden Sie heftig kämpfen müssen, um sich behaupten zu können. Der größte Fehler wäre allerdings der untaugliche Versuch, sich um eine Lösung der Probleme herumzudrücken oder zu bluffen. Dies kann nicht funktionieren, da Sie viel zu eindeutig konfrontiert werden.

Stehen Sie zu Ihren Fehlern und versuchen Sie die ungerechten Verletzungen, die Sie sich und anderen zugefügt haben, wieder in Ordnung zu bringen. So können Sie aus einer Schwäche eine Stärke machen und Charakter und Profil beweisen. Falls Sie jedoch bereits in der Vergangenheit Vorbereitungen getroffen haben, sich aus einer unterdrückten und erniedrigenden Lebenssituation zu befreien, so ist unter diesem Transit eine regelrechte Hochphase möglich. Plötzlich wissen Sie genau, wo Sie den Hebel ansetzen müssen, um sich aus alten Zwängen zu befreien.

Hier ist es allerdings wichtig, jede Übertreibung zu vermeiden. Sie sollten sich darüber freuen, dass Sie endlich auch einmal am

Drücker sind, jedoch auf keinen Fall auf diejenigen herabblicken, die sich in einer weniger glücklichen Lage befinden. Vergessen Sie nicht, dass Sie selbst bis vor Kurzem in der gleichen Situation waren.

Spannungsaspekte (Opposition und Quadrat) des Radix-Uranus mit dem Transit-Mars

Entsprechen auch Spannungsaspekten zwischen dem laufenden Herrscher von Haus eins und dem Herrscher von Haus elf

Während dieses etwa eine Woche dauernden Transits sind Sie leichter aus Ihrem energetischen Gleichgewicht zu bringen als sonst. In beruflicher Hinsicht sollten Sie deshalb neuen und unvertrauten Situationen aus dem Wege gehen, da Sie zu unbeherrschten, cholerischen oder auch überängstlichen Reaktionen neigen könnten.

Vermutlich sind Sie überfordert und überreizt. Sie sollten

deshalb im Umgang mit ihren Mitmenschenbesondere Vorsicht walten lassen und sich genauestens überlegen, mit wem Sie sich anlegen. Falls Sie mit jemandem konkurrieren müssen, der den gleichen Job, die gleiche Wohnung oder die gleiche Partnerin wie Sie möchte, so ist jetzt eine günstige Gelegenheit, dem Entscheidungsträger klarzumachen, wo Ihre Vorzüge liegen. Das heißt, es macht überhaupt keinen Sinn, den Konkurrenten mit geistigen oder körperlichen Mitteln zu besiegen, wenn Sie damit nicht den Arbeitgeber, den Vermieter oder die Angebetete überzeugen können.

Falls es keinen sinnvollen Anlass gibt, Ihre aggressive Anspannung auszuleben, sollten Sie Mitarbeitern und Kollegen ein wenig aus dem Weg gehen

Harmonische Aspekte (Trigon und Sextil) des Radix-Mars mit dem Transit-Uranus

Entsprechen auch harmonischen Aspekten zwischen dem laufenden Herrscher von Haus elf und dem Herrscher von Haus eins

Durchsetzungsfähigkeit und Eigeninitiative erweisen sich in beruflicher oder gesellschaftlicher Hinsicht als nützlich und förderlich. Mit ein wenig persönlichem Mut können Sie jetzt Ihre individuellen Fähigkeiten im besten Licht darstellen. Aus diesem oder einem anderen Grund wird mancher Ihnen Sonderkonditionen einräumen, die den Rahmen des Üblichen sprengen und Ihren persönlichen Wünschen besonders entgegenkommen. Konkurrierende Kollegen helfen Ihnen jetzt unfreiwillig, Ihr Profil zu schärfen.

Dieser Transit symbolisiert in harmonischer, evolutionärer Weise spannende, aufregende und angenehme Lebensveränderungen durch persönlichen Einsatz. Situationen, in denen Sie in der Vergangenheit bereit waren, Risiken einzugehen und sich gegen den Rat Ihrer Freunde und Partner zu entscheiden, zahlen sich jetzt aus.

Harmonische Aspekte (Trigon und Sextil) des Radix-Uranus mit dem Transit-Mars

Entsprechen auch harmonischen Aspekten zwischen dem laufenden Herrscher von Haus eins und dem Herrscher von Haus elf

Je individueller und spontaner Sie die Herausforderungen in Ihrem Berufsleben, aber auch im übrigen Alltag angehen, umso erfolgreicher werden Sie in dieser Woche sein. Wann immer Sie zwischen verschiedenen Optionen zu wählen haben, sollten Sie sich deshalb für die originellste und extravaganteste Lösung entscheiden.

Die Menschen in Ihrer Umgebung empfinden Ihr selbstbewusstes Auftreten während des Transits als angenehm. Selten werden Ihnen bei der Durchsetzung Ihrer Interessen weniger Steine in den Weg gelegt als jetzt.

Mars-Neptun-Transite

Prinzip: undurchsichtige Durchsetzungsfähigkeit

Konjunktion des Radix-Mars mit dem Transit-Neptun

Entspricht auch der Konjunktion des laufenden Herrschers von Haus zwölf und dem Herrscher von Haus eins

Der Transit hat für einen Zeitraum von etwa vier Jahren Gültigkeit. In dieser Lebensphase werden in gewisser Hinsicht Ihre besten und Ihre schlechtesten Charaktereigenschaften an die Oberfläche gebracht. Dies liegt an der Wirkung dieses Transits, der unsere Durchsetzungsfähigkeit im Physischen massiv schwächt, im Psychologischen, Überpersönlichen und auch Spirituellen ungeheuer stärkt. Es ist eine günstige Zeit für alle, die danach streben, der Wahrheit zu ihrem Recht zu verhelfen. In persönlichen Konkurrenzkämpfen werden wir jedoch vermutlich unterliegen.

Jede Form von Selbstbetrug und heimlicher Aggression, wie zum

Beispiel üble Nachrede, Intrige usw., mit der wir in der Vergangenheit uns das Leben ein wenig zu erleichtern gedachten, rächt sich nun, indem wir selbst zum Opfer solcher heimlichen Bosheiten werden. Wir können nichts dagegen tun, als danach zu streben, auf Wut und Aggression dann zu verzichten, wenn sie völlig sinnlos und ohne Aussicht auf Erfolg sind.

Das heißt, dieser Transit ist offensichtlich dazu da, uns ein wenig Demut zu lehren und die Überschätzung unserer Stärke und Kraft wie auch die Überbewertung der Bedeutung unserer subjektiven Bedürfnisse auf ein gesundes Maß zu reduzieren. Wenn wir bereit sind, diese Lektion zu akzeptieren, kann sich der Neptun-Übergang als wahrer Segen erweisen. Wir können den Konsum von Genussgiften aufgeben oder zumindest erheblich reduzieren, wir lernen, liebevoller mit den Menschen umzugehen, die uns etwas bedeuten, wir trennen uns von unrealistischen Illusionen. Dies heißt, dass wir gesünder werden und unsere zwischenmenschlichen Beziehungen in Ordnung bringen, indem wir auf sinnlose Auseinandersetzungen und Machtspiele verzichten.

Konjunktion des Radix-Neptun mit dem Transit-Mars

Entspricht auch der Konjunktion des laufenden Herrschers von Haus eins mit dem Herrscher von Haus zwölf

Der Marsübergang dauert etwa eine Woche an und ist ein geeigneter Zeitraum für altruistische und uneigennützige Aktivitäten. Die Bewältigung alltäglicher Arbeiten funktioniert nur schlecht, die Aufmerksamkeit für praktische und persönliche Dinge ist herabgesetzt.

In diesen Tagen haben Sie möglicherweise eine erhöhte Infektionsneigung sowie eine Tendenz zu Kreislaufstörungen und Schwächezuständen aller Art, sodass Sie besonderen körperlichen Belastungen so weit wie möglich aus dem Weg gehen sollten.

Wenn Sie im falschen Moment aggressiv reagieren, ziehen Sie sich womöglich die Feindschaft von jemandem zu, der Ihnen ernsthaft schaden kann. Dieser Umstand ist insofern fatal, als Ihnen niemand mitteilen wird, wen Sie mit unbedachten Handlungen oder Äußerungen verletzt haben könnten. Drei oder sechs Monate später werden Ihnen dann möglicherweise von einer Seite Steine in den Weg gelegt, mit der Sie nie gerechnet hätten. In diesem Konflikt werden Sie in jedem Fall den Kürzeren ziehen. Also vermeiden Sie es, andere zu provozieren. Dies gilt vor allem auch für vertrauliche Gespräche mit Dritten. Seien Sie sicher, dass der Betroffene davon erfahren wird.

Jetzt ist eine gute Gelegenheit, darüber nachzudenken, wann, wo und wem Sie in Ihrem Leben heimlich etwas angetan haben, ohne zu Ihrer Tat zu stehen, oder diese gar jemand anderem in die Schuhe geschoben haben. Wenn Sie versuchen, diese Fehler in Ordnung zu bringen, ohne dass Sie dabei alte Wunden wieder aufreißen, dann wird sich der Transit zu Ihrem Vorteil auswirken. Spätestens in etwa zwei Jahren, wenn sich die gleiche Konstellation wiederholt, könnten Sie mit einer erheblichen und unerwarteten Unterstützung rechnen.

Spannungsaspekte (Opposition und Quadrat) des Radix-Mars mit dem Transit-Neptun

Entsprechen auch Spannungsaspekten zwischen dem laufenden Herrscher von Haus zwölf und dem Herrscher von Haus eins

In den Monaten der Gültigkeit des Transits besteht die Gefahr, sich für Ziele zu engagieren, deren Bestand im Realen nicht mehr als eine Fata Morgana ist. Dies betrifft insbesondere Konkurrenzsituationen und alles, was der Bestätigung Ihrer Leistungspotenz dienen soll. Schlimmstenfalls spielen Sie sogar den Hochstapler und riskieren ernsthafte Probleme mit der Justiz.

Auf der anderen Seite sollten Sie sich über die Tatsache im Klaren sein, dass Sie jetzt für jeden ein leichtes Opfer sind, der Ihnen mit Intrigen, Rufmord und ähnlich unehrenhaften Methoden Schaden zufügen möchte. Rechnen Sie mit Sabotage und ergreifen Sie geeignete Gegenmaßnahmen.

Spannungsaspekte (Opposition und Quadrat) des Radix-Neptun mit dem Transit-Mars

Entsprechen auch Spannungsaspekten zwischen dem laufenden Herrscher von Haus eins und dem Herrscher von Haus zwölf

Dieser Transit gilt für etwa eine Woche. Es besteht die Gefahr, dass Sie Aktivitäten entwickeln, die Ihrem Ansehen in der Öffentlichkeit schaden. Selbst wenn Sie nichts Ehrenrühriges getan haben, wird es Ihnen kaum möglich sein, den falschen Eindruck richtigzustellen.

In den Tagen, in denen dieser Transit Gültigkeit hat, werden Sie nicht besonders treffsicher in Ihren Entscheidungen sein. Vermutlich fühlen Sie sich eher schwach und haben wenig Motivation, zu arbeiten.

Harmonische Aspekte (Trigon und Sextil) des Radix-Mars mit dem Transit-Neptun

Entsprechen auch harmonischen Aspekten zwischen dem laufenden Herrscher von Haus zwölf und dem Herrscher von Haus eins

Dieser Aspekt wirkt ausgesprochen schwach, ist jedoch durchweg positiver Natur. Vielleicht haben Sie an diesem Tag in einer wichtigen Angelegenheit den richtigen Riecher und können Ihre Pläne von Ihren Gegnern und Konkurrenten unbemerkt durchsetzen.

Es ist auch möglich, dass Sie rechtzeitig Informationen über jemanden erhalten, der Ihnen heimlich schaden möchte, sodass Sie sich wappnen und dessen Pläne vereiteln können, ohne dass Sie sich auf eine direkte Konfrontation einlassen müssten.

Harmonische Aspekte (Trigon und Sextil) des Radix-Neptun mit dem Transit-Mars

Entsprechen auch harmonischen Aspekten zwischen dem laufenden Herrscher von Haus eins und dem Herrscher von Haus zwölf

Falls nicht andere, gegenteilige Aspekte dem widersprechen, handelt es sich bei diesem Transit um eine längere Periode, in der Sie vor persönlichen Anfeindungen und ungerechtfertigter Kritik einigermaßen sicher sind. Ohne dass irgendjemand Ihnen ernsthaft Widerstand entgegensetzt, können Sie Ihre Interessen im beruflichen und privaten Bereich durchsetzen. Auf geheimnisvolle Weise bleibt Ihnen nichts verborgen, was Ihnen schaden oder Ihre Pläne untergraben könnte. Insbesondere in beruflicher Hinsicht werden Sie erfolgreich sein, da es Ihnen gelingt, die richtigen Entscheidungen zum richtigen Zeitpunkt zu treffen. Wenn Sie keine allzu großen Sünden gegen Ihre Gesundheit begehen, dürften Sie für den Zeitraum von vier Jahren von allen ernsthaften Infektionskrankheiten verschont bleiben.

Mars-Pluto-Transite

Prinzip: prinzipienorientierte Durchsetzungsfähigkeit

Konjunktion des Radix-Mars mit dem Transit-Pluto

Entspricht auch der Konjunktion des laufenden Herrschers von Haus acht mit dem Herrscher von Haus eins

In den Wochen oder Monaten, in denen dieser Transit gilt, sollten Sie besondere Vorsicht walten lassen. Schneller, als Ihnen lieb ist, können Sie in Situationen kommen, in denen sich unbedachte und vorschnelle Handlungen rächen. Es besteht eine erhöhte Unfall- und Verletzungsgefahr, die in psychologischer Hinsicht auf unreflektierte und unbewältigte Aggressionen zurückzuführen sind. Sie sollten, wenn möglich, herausfinden, mit wem Sie noch »ein Hühnchen zu rupfen« oder, umgekehrt, wem Sie Unrecht getan haben. Unbedingte Ehrlichkeit sich selbst gegenüber ist hier Voraussetzung, wenn Sie verhindern möchten, dass sich ungelöste und verdrängte Konflikte in zerstörerischer Weise äußern.

In dieser Phase, die einige Monate andauem kann, werden Sie vermutlich über so viel zusätzliche Energie verfügen, dass es Ihnen gelegentlich schon fast unheimlich wird. Im Extremfall kann es hier hin und wieder zu Bedrohungsgefühlen und Angstzuständen kommen. Dies ist allerdings ein deutliches Zeichen dafür, dass Sie etwas grundlegend falsch machen, was Ihnen auch – zumindest unbewusst – klar ist, denn die genannten unangenehmen Empfindungen haben ihre Ursache in Schuldgefühlen. Deutlicher als zu anderen Zeiten spüren Sie, wo Ihre Aufgaben und Verantwortungen liegen. Pluto-Transite über den Mars sind eine außergewöhnliche Chance, mit sich selbst ins Reine zu kommen, indem Sie sich von schlechten Gewohnheiten und Fehlentscheidungen lossagen. Als Belohnung werden Sie sich vitaler und aktiver als jemals zuvor fühlen. Sport und Sexualität können für Sie ausgesprochen attraktiv und noch befriedigender werden.

Konjunktion des Radix-Pluto mit dem Transit-Mars

Entspricht auch der Konjunktion des laufenden Herrschers von Haus eins mit dem Herrscher von Haus acht

Natürlich wissen Sie schon lange, was für Sie gut und richtig ist. Sie haben recht klare moralische Vorstellungen und versuchen auch im Allgemeinen nach ihnen zu leben. In der alltäglichen Hast haben Sie jedoch einige oder vielleicht sogar viele Ihrer Prinzipien ein wenig vernachlässigt – es gab zu viel anderes, um das Sie sich kümmern mussten. Unerheblich, ob es sich um Briefe an Freunde handelt, die Sie eigentlich schon lange hätten schreiben sollen, oder ob Sie sich mehr Zeit für Ihre Kinder nehmen, endlich das Rauchen abgewöhnen oder ein Ehrenamt übernehmen wollten: In vielen

Fällen ist die Bequemlichkeit stärker als Ihre moralischen Überzeugungen. Der Mars-Transit über den Pluto wird Sie mit einem heilsamen Schock wachrütteln und Ihnen so die Energie geben, sich um all die wichtigen Dinge in Ihrem Leben zu kümmern, die Sie vernachlässigt haben. Wenn Sie diese Herausforderung akzeptieren, werden Sie sich bald in jeder Hinsicht erleichtert fühlen und mit neuem Optimismus Ihr Leben gestalten.

Spannungsaspekte (Opposition und Quadrat) des Radix-Mars mit dem Transit-Pluto

Entsprechen auch Spannungsaspekten des laufenden Herrschers von Haus acht mit dem Herrscher von Haus eins

In den Wochen oder Monaten, in denen dieser Transit gilt, kann Ihr Hang zu jeder Form von »Powerplay« unliebsame Folgen haben. »Erst denken und dann handeln« wäre jetzt keine schlechte Maxime, oder wollen Sie unnötige gesundheitliche Risiken eingehen? Versuchen Sie doch einmal, sich darüber klar zu werden, worin die eigentlichen Ursachen Ihrer manchmal ein wenig heftigen Reaktionen liegen.

Lassen Sie sich keine Angst machen, aber drohen Sie auch niemandem ohne sehr triftigen Grund. Das Echo könnte sehr viel stärker sein als Ihr Stehvermögen.

Spannungsaspekte (Opposition und Quadrat) des Radix-Pluto mit dem Transit-Mars

Entsprechen auch Spannungsaspekten des laufenden Herrschers von Haus eins mit dem Herrscher von Haus acht

Ein Ereignis oder eine Person wird Sie heftig und möglicherweise auch schmerzhaft mit den Konsequenzen eines scheinbar längst vergessenen Fehlers oder Missgriffs konfrontieren.

So unangenehm wie die hieraus entstehende Situation ist, sie bietet Ihnen doch die Möglichkeit, mit sich selbst ins Reine zu kommen.

Sie sollten sich in besonderem Maße bemühen, Ihr Temperament zu zügeln, und jede Form von Aggression meiden. Riskante sportliche Aktivitäten sind während des Mars-Transits ebenfalls ungeeignet, da in diesem Zeitraum eine erhöhte Verletzungs- und Unfallgefahr besteht.

Harmonische Aspekte (Trigon und Sextil) des Radix-Mars mit dem Transit-Pluto

Entsprechen auch harmonischen Aspekten des laufenden Herrschers von Haus acht mit dem Herrscher von Haus eins

Dieser Transit bietet die Möglichkeit, dass Ihnen im beruflichen oder privaten Bereich die Kompetenz und Verantwortung übertragen wird, auf die Sie schon lange hingearbeitet haben. Engagement und persönlicher Einsatz zahlen sich nun aus. Sie stehen auf angenehme Weise im Vordergrund und können dies auch angemessen genießen. Was Sie in diesen Wochen beginnen, wird Ihnen leicht von der Hand gehen und gelingen. Ihre Umgebung kommt Ihnen entgegen, und es ergeben sich Lebensbedingungen, die für die Befriedigung Ihrer persönlichen Bedürfnisse besonders geeignet sind.

Harmonische Aspekte (Trigon und Sextil) des Radix-Pluto mit dem Transit-Mars

Entsprechen auch harmonischen Aspekten des laufenden Herrschers von Haus eins mit dem Herrscher von Haus acht

In Ihrem Leben gibt es einige Herausforderungen und Aufgaben, an die Sie sich bisher nicht so recht herangetraut haben, da sie Ihnen »eine Nummer zu groß« erschienen, Sie die Anstrengungen fürchteten und Angst vor dem Scheitern hatten. Jetzt ist der Zeitpunkt gekommen, der eine Bewältigung möglich macht. Mit ein wenig

Mut werden Sie erkennen, dass Ihnen die Umsetzung Ihrer langgehegten Pläne leichter fällt, als Sie ursprünglich dachten: Sie haben Ihre Fähigkeiten unterschätzt, und die äußeren Umstände kommen Ihnen entgegen. So sind die Voraussetzungen gut, um Ihre gesamte Lebensorientierung auf ein neues Niveau zu heben.

Jupiter-Transite

♃

Prinzip: tolerante Struktur

Konjunktion des Radix-Jupiter mit dem Transit-Saturn

Entspricht auch der Konjunktion des laufenden Herrschers von Haus zehn mit dem Herrscher von Haus neun

Der Saturnübergang über den Jupiter, der sich in einem Zyklus von etwa 29 ½ Jahren wiederholt, hat zwei Funktionen. Zum einen dient er dazu, die persönlichen Freiräume, die Sie sich im Laufe der Jahre erarbeitet haben, zu verfestigen. Das heißt, das, was Sie bis jetzt an gesellschaftlichem und sozialem Status haben, wird gesichert. Dies kann zum Beispiel durch Beförderungen oder die Verleihung offizieller Titel geschehen.

Auf der anderen Seite werden Fehlhaltungen wie Selbstüberschätzung, Hochmut, aber auch Verschwendung korrigiert. Lebensbereiche, in denen Sie solche Wesenszüge an den Tag legen, werden für Sie zu einem Problem, da Sie jetzt mit Einschränkungen, Abgrenzungen und Zurückweisungen zurechtkommen müssen.

Konjunktion des Radix-Saturn mit dem Transit-Jupiter

Entspricht auch der Konjunktion des laufenden Herrschers von Haus neun mit dem Herrscher von Haus zehn

Jupiterübergänge über den Saturn im Geburtshoroskop wiederholen sich im Abstand von etwa zwölf Jahren. Sie haben eine Gültigkeitsdauer von einigen Wochen oder Monaten.

Während des Transits werden Sie bemerken können, wie sich Ihre Selbstdisziplin und Korrektheit sowie die Fähigkeit, für höhere Ziele Einschränkungen in Kauf zu nehmen, auszahlt. Möglicherweise ergibt sich eine Verbesserung in Ihrem sozialen Status, zum Beispiel, indem Ihre Leistungen offiziell geehrt und anerkannt werden.

Auch andere positive Veränderungen, etwa eine Gehaltserhöhung, sind denkbar. Analog zu Ihrer äußeren Veränderung bringt der Transit die Aufforderung zu einer Modifikation Ihrer persönlichen Einstellungen mit sich. Es ist an der Zeit, die Maßstäbe, an denen Sie sich in Ihrem Leben orientieren, ein wenig zu erweitern. Das heißt, Sie sollten in den Kriterien, mit denen Sie sich und andere beurteilen, großzügiger und toleranter werden. So mag es zum Beispiel vorkommen, dass Sie zu der Zeit die Möglichkeit hätten, jemanden, der sich Ihnen gegenüber nicht korrekt verhalten hat, in ernsthafte Schwierigkeiten zu bringen. Es wäre klug, hier Gnade vor Recht ergehen zu lassen, Ihre Umgebung würde Ihnen sonst eine kleinkarierte Haltung unterstellen.

Spannungsaspekte (Opposition und Quadrat) des Radix-Jupiter mit dem Transit-Saturn

Entsprechen auch Spannungsaspekten zwischen dem laufenden Herrscher von Haus zehn und dem Herrscher von Haus neun

Vermutlich haben Sie sich in den vergangenen Jahren in der einen oder anderen Hinsicht übernommen, sodass Sie an Lebensaufgaben mehr bewältigen müssen, als Sie geregelt überblicken können. Letztlich ist dies Ihrer persönlichen und beruflichen Entwicklung nicht zuträglich, da Sie verlernt haben, Ihre wirklichen Aufgaben und Interessen im Auge zu behalten. Überflüssiges im Beruf und im Privatleben ist nicht länger tragbar und wird dementsprechend fallen gelassen. Nur bei oberflächlicher Betrachtung kann dies als Verlust empfunden werden, da Sie sich ja in Wirklichkeit von Ballast befreien bzw. von diesem befreit werden.

Spannungsaspekte (Opposition und Quadrat) des Radix-Saturn mit dem Transit-Jupiter

Entsprechen auch Spannungsaspekten zwischen dem laufenden Herrscher von Haus neun und dem Herrscher von Haus zehn

Dieser Transit wird vermutlich dafür sorgen, dass Sie Ihre starre Haltung in bestimmten Lebensbereichen aufgeben. Sie müssen Dinge oder Personen gegen Ihren Willen tolerieren. Je schneller Sie dies akzeptieren können, umso besser. Anderenfalls werden Sie sich, nur um unhaltbare Standpunkte verteidigen zu können, auf faule Kompromisse einlassen müssen, die Ihnen in persönlicher und wirtschaftlicher Hinsicht nur schaden. Versuchen Sie in Bereichen, in denen Sie aufgrund schlechter Erfahrungen intolerant sind, sich zu einer fairen und neutralen Haltung durchzuringen.

Harmonische Aspekte (Trigon und Sextil) des Radix-Jupiter mit dem Transit-Saturn

Entsprechen auch harmonischen Aspekten zwischen dem laufenden Herrscher von Haus zehn und dem Herrscher von Haus neun

Für Ihre expansiven Pläne erhalten Sie Unterstützung. Die allgemeine Gesetzeslage, offizielle Entscheidungsträger oder einfach Ihre momentane berufliche Situation ermöglichen Ihnen eine deutliche und angenehme Erweiterung Ihrer Möglichkeiten. In materieller Hinsicht kann dies die Erschließung neuer Einnahmequellen sein. In immaterieller Hinsicht eröffnen sich vielleicht neue berufliche Perspektiven, die Ihren Wünschen und Bedürfnissen mehr entgegenkommen.

Harmonische Aspekte (Trigon und Sextil) des Radix-Saturn mit dem Transit-Jupiter

Entsprechen auch harmonischen Aspekten zwischen dem laufenden Herrscher von Haus neun und dem Herrscher von Haus zehn

Ihre korrekte Haltung und Einstellung wird honoriert. Vielleicht werden Sie unter diesem Transit in einen Kreis aufgenommen, von dem Sie bisher ausgeschlossen waren.

In beruflicher Hinsicht haben Sie eine positive Phase, in der Ihnen Untergebene Respekt zollen und Vorgesetzte Ihre Leistungen angemessen zu würdigen wissen.

Jupiter-Uranus-Transite

Prinzip: expansive Originalität

Konjunktion des Radix-Jupiter mit dem Transit-Uranus

Entspricht auch der Konjunktion zwischen dem laufenden Herrscher von Haus elf und dem Herrscher von Haus neun

Dieser Aspekt gilt, je nach der momentanen Umlaufgeschwindigkeit des Uranus, bis zu einem Jahr. Wie alle Übergänge des laufenden Uranus kommt er nur ein- bis höchstens zweimal im Leben vor.

Plötzliche Veränderungen im Beruf und der sozialen Umwelt geben Anlass zu besonderer Hoffnung, Freude oder gar Euphorie. In vielen Fällen wird dieser Transit als »glückliche Wende« im Leben erlebt.

Angebote, Entwicklungsmöglichkeiten, Perspektiven und private Ereignisse überschlagen sich regelrecht, sodass Sie gezwungen sind zu improvisieren und nicht auf Analysen und Erfahrungen zurückgreifen können. Langwierige Entscheidungen sowie perfekt durchgeplante Aktionen behindern hier eher den Erfolg. Allerdings wird dies nur in seltenen Fällen als Mangel empfunden, da die meisten jetzt ein ausgeprägtes Bedürfnis nach intuitiven Entscheidungen haben.

Dies ist eine gute Zeit, um sich darüber Gedanken zu machen, in welchen Bereichen Sie sich für sich selbst, aber auch für andere mehr engagieren könnten, wo Investitionen sinnvoll wären. Ihnen eröffnen sich berufliche, gesellschaftliche und persönliche Wachstumsmöglichkeiten, die nur darauf warten, genutzt zu werden.

Wenn Sie bisherige Konzepte und Spielregeln verändern können und sich neuen Entwicklungen öffnen, kann dieser Transit zu Kontakten mit Personen führen, die Ihnen helfen, Ihren Einfluss zu mehren und Ihren Wirkungsbereich zu erweitern. Außerdem bietet dieser Zeitraum eine gute Gelegenheit, um Ferneisen zu unternehmen.

Konjunktion des Radix-Uranus mit dem Transit-Jupiter

Entspricht auch der Konjunktion zwischen dem laufenden Herrscher von Haus neun und dem Herrscher von Haus elf

Dieser Transit hat etwa vier Wochen Gültigkeit und wiederholt sich alle zwölf Jahre. Er symbolisiert den Beginn eines neuen, individuellen Wachstumszyklus. Diese Beschreibung ist wörtlich zu nehmen: Der Zyklus ist verantwortlich für das Wachstum unserer Individualität. In beruflicher und sozialer Hinsicht werden sich Aufgaben und Möglichkeiten auftun, in die Sie hineinwachsen können. Obwohl Sie jetzt mit hoher Wahrscheinlichkeit mit der Unterstützung und Förderung durch Freunde, Gönner und Bekannte rechnen können, sollten Sie nur so viel Hilfe akzeptieren, wie Sie wirklich brauchen, um auf Ihrem beruflichen und persönlichen Weg voranzukommen.

So wie sich ein Erwachsener von einem Jugendlichen im Allgemeinen durch die Tatsache unterscheiden lässt, dass er willens und in der Lage ist, finanziell unabhängig von der Unterstützung seiner Eltern zu sein, so sollten Sie sich Ihre wirtschaftlichen, beruflichen und sozialen Erfolge soweit als möglich auch selbst erarbeiten. Nur dann können Sie sich diese auch selbst zugutehalten.

Spannungsaspekte (Opposition und Quadrat) des Radix-Jupiter mit dem Transit-Uranus

Entsprechen auch Spannungsaspekten zwischen dem laufenden Herrscher von Haus elf und dem Herrscher von Haus neun

Dieser Transit dauert etwa neun Monate. Alle 21 Jahre ergibt sich ein Spannungsaspekt zwischen dem laufenden Uranus und dem Radix-Jupiter.

In dieser Zeitphase haben Sie die Neigung, Ihre Fähigkeiten, die Bedeutung Ihrer Person, Ihre Stellung im Beruf und Ihre Beziehungen zu Ihrer Umgebung falsch einzuschätzen. Sie haben jetzt die Tendenz, sich auf die falsche Weise profilieren zu wollen. Vermutlich versuchen Sie Ihre Individualität und Ihre persönlichen Leistungen in einer Weise in den Vordergrund zu stellen, die nicht den gewünschten Erfolg zeigen kann. Allzu viel Experimentierfreude wird jetzt nur schaden.

Unbegründeter Optimismus kann sich kurzfristig mit Missmut und Gereiztheit abwechseln.

Geschäftliche Verhandlungen mit dem Ausland und vor allem Abschlüsse sollten in diesem Zeitraum nach Möglichkeit vermieden werden.

Spannungsaspekte (Opposition und Quadrat) des Radix-Uranus mit dem Transit-Jupiter

Entsprechen auch Spannungsaspekten zwischen dem laufenden Herrscher von Haus neun und dem Herrscher von Haus elf

Dieser Transit dauert etwa vier Wochen und ergibt sich einmal in drei Jahren. Er entspricht der massiven Herausforderung, persönliches Profil zu zeigen, sich in den Vordergrund zu wagen und seine individuellen Fähigkeiten unter Beweis zu stellen. Gleichzeitig liegen jedoch Umstände vor, die Ihnen die Umsetzung dieser Einsicht ausgesprochen schwer machen können. Das heißt, Sie haben zwar verstanden, was jetzt für Sie zu tun wäre, doch Sie sind nicht so ohne Weiteres in der Lage, die richtigen Schritte zu unternehmen. Die einzige Möglichkeit, diese Schwierigkeit zu überwinden, besteht darin, dass Sie langsam und vorsichtig vorgehen, gerade weil Ihnen jetzt eigentlich die nötige Geduld hierzu fehlt. Der Rat und die Unterstützung von wirklichen Freunden können jetzt von unschätzbarem Wert sein, Sie sollten nicht auf sie verzichten.

Harmonische Aspekte (Trigon und Sextil) des Radix-Jupiter mit dem Transit-Uranus

Entsprechen auch harmonischen Aspekten zwischen dem laufenden Herrscher von Haus elf und dem Herrscher von Haus neun

Soziale und geschäftliche Kontakte und materielle Ressourcen erweisen sich in beruflicher Hinsicht als nützlich und förderlich. Sie haben jetzt im privaten, vor allem aber im Bereich der Karriere die Gelegenheit, zu zeigen, was in Ihnen steckt. Nur noch selten in Ihrem Leben werden sich derart günstige Konstellationen wiederholen. Sie sollten also nicht zögern, sie für sich zu nutzen.

Dieser Transit symbolisiert in harmonischer, evolutionärer Weise spannende, aufregende und angenehme Veränderungen und Expansionsmöglichkeiten in persönlichen und geschäftlichen Beziehungen. Situationen, in denen Sie in der Vergangenheit bereit waren, Risiken einzugehen und zu experimentieren, zahlen sich jetzt aus.

Harmonische Aspekte (Trigon und Sextil) des Radix-Uranus mit dem Transit-Jupiter

Entsprechen auch harmonischen Aspekten zwischen dem laufenden Herrscher von Haus neun und dem Herrscher von Haus elf

Die Wirkung dieses Aspektes dauert etwa vier Wochen an. Dies ist ein besonders günstiger Zeitraum, um neue Kontakte zu knüpfen und sein Gesichtsfeld zu erweitern.

Das gilt sowohl für den geschäftlichen Bereich als auch in psychologischer Hinsicht. Verrückte Ideen und ausgefallene Experimente, die Sie möglicherweise schon sehr lange im Hinterkopf haben, können nun mit großer Aussicht auf Erfolg verwirklicht werden. Ihre Intuition funktioniert jetzt besonders gut, auch wenn Sie sich nicht blind auf sie verlassen sollten.

Jupiter-Neptun-Transite

Prinzip: undurchschaubare Expansion

Konjunktion des Radix-Jupiter mit dem Transit-Neptun

Entspricht auch der Konjunktion zwischen dem laufenden Herrscher von Haus zwölf mit dem Herrscher von Haus neun

Dieser Transit gibt Ihnen für die Dauer von einigen Wochen bis Monaten das Gefühl, eine besondere Glückssträhne zu haben. Alles, was Sie beginnen, scheint mühelos zu gelingen und im Ergebnis Ihre Erwartungen noch zu übertreffen. Selbst Fehlschläge wirken sich innerhalb kurzer Zeit zu Ihrem Vorteil aus. Der Pferdefuß bei dieser Sache ist, dass Sie nur schwer einschätzen können, ob Ihr Gefühl den Tatsachen entspricht oder ob Sie sich letztlich nur etwas vormachen. Der Rat von wirklich guten Freunden sollte in dieser Zeit gesucht und ernst genommen werden.

Wenn sich gezeigt hat, dass Ihnen dieser Aspekt tatsächlich nicht nur ein gutes Gefühl, sondern auch eine positive Entwicklung bringt, sollten Sie in besonderem Maße darauf achten, nicht den Bogen zu überspannen. Die Erfahrung hat gezeigt, dass die Nativen in einer solchen Phase beginnen, sich selbst zu überschätzen. Unmerklich können sich Größenfantasien einschleichen, oder man beginnt gar, sich für unfehlbar zu halten. In solchen Fällen ist der Absturz natürlich schon vorprogrammiert.

Konjunktion des Radix-Neptun mit dem Transit-Jupiter

Entspricht auch der Konjunktion zwischen dem laufenden Herrscher von Haus neun mit dem Herrscher von Haus zwölf

Wenn Jupiter über die Radixposition Ihres Neptun läuft, werden Sie mit hoher Wahrscheinlichkeit mit Aspekten Ihrer Persönlichkeit und Ihrer Biografie konfrontiert, die Sie bisher überhaupt nicht kannten oder die Ihnen unverständlich waren. Da sich diese innerlichen Veränderungen auch in Ihrer Außenwelt widerspiegeln, mögen Ihnen allerlei seltsame Vorkommnisse widerfahren, die auf Ihre bisherige Weitsicht heftig irritierend wirken können.

Möglicherweise entwickeln Sie für eine Zeit lang Vorlieben und Neigungen, die Ihnen merkwürdig oder sogar grotesk erscheinen. Doch dies alles sollte Sie nicht beunruhigen, da es lediglich Begleiterscheinungen eines inneren Wachstumsprozesses sind. Wenn Sie sich an das erinnern können, was mit Ihnen vor etwa zwölf Jahren geschah, so werden Sie erkennen, dass sich die damaligen Themen jetzt auf einer anderen Ebene wiederholen.

Spannungsaspekte (Opposition und Quadrat) des Radix-Jupiter mit dem Transit-Neptun

Entsprechen auch Spannungsaspekten zwischen dem laufenden Herrscher von Haus zwölf und dem Herrscher von Haus neun

Vermutlich befinden Sie sich in einer Sinnkrise, und Sie sind sich überhaupt nicht mehr sicher, ob das, was Sie tun, auch das richtige ist – sowohl für Sie selbst als auch für die anderen.

Möglicherweise bietet jemand Ihnen halbseidene oder illegale Geschäfte an, die Ihnen den schnellen, großen Gewinn bringen sollen. Von moralischen Überlegungen ganz abgesehen kann dies einfach nicht funktionieren. Sie würden letztlich alles verlieren, was Sie sich an sozialem Status aufgebaut haben, und Ihre wirtschaftliche Existenz riskieren. Auch die Gefahr, Opfer von Hochstaplern zu werden, ist groß. Sie sollten niemandem vertrauen, der Ihnen todsichere Geldanlagen und Ähnliches verspricht.

Da sich sowohl Ihre persönlichen Schwächen als auch Ihre heimlichen Gegner in dieser Zeit entblößen, können Sie aus dem Spannungsaspekt doch noch großen Vorteil ziehen. Offensichtliche Probleme und Schwächen sind lokalisierbar und damit auch zu überwinden und zu bewältigen. Lernaufgabe und Herausforderung ist hier, nicht Opfer der eigenen Eitelkeit und Habgier zu werden.

Spannungsaspekte (Opposition und Quadrat) des Radix-Neptun mit dem Transit-Jupiter

Entsprechen auch Spannungsaspekten zwischen dem laufenden Herrscher von Haus neun und dem Herrscher von Haus zwölf

Falls Sie sich etwas haben zuschulden kommen lassen, müssen Sie jetzt mit gerichtlichen Schritten gegen Sie rechnen. Was Sie bisher erfolgreich verheimlichen konnten, tritt jetzt offen zutage.

Sie sollten sich genau überlegen, wie Sie handeln, da Sie der Versuch, die Dinge weiter unter der Decke zu halten, Ihre gesamte Reputation kosten kann.

Seien Sie denjenigen gegenüber offen und großzügig, denen Sie nicht die ganze Wahrheit gesagt haben, obwohl sie ein Recht darauf gehabt hätten. Falls Sie anderen Schaden zugefügt haben, so bringen Sie dies so schnell wie möglich in Ordnung. Wenn Sie aufrichtig und geschickt vorgehen, dann wird sich die Situation umkehren und Ihnen erhebliche Vorteile bringen.

Harmonische Aspekte (Trigon und Sextil) des Radix-Jupiter mit dem Transit-Neptun

Entsprechen auch harmonischen Aspekten zwischen dem laufenden Herrscher von Haus zwölf und dem Herrscher von Haus neun

Falls nicht andere, gegenteilige Aspekte dem widersprechen, handelt es sich bei diesem Transit um eine längere Periode, in der Sie vor unerfreulichen Überraschungen einigermaßen sicher sind. Sie fühlen sich in Ihrer sozialen Umwelt wohl und beschäftigen sich eventuell in angenehmer Art und Weise mit den Sinnfragen des Lebens.

In beruflicher und sozialer Hinsicht bieten sich Ihnen Erweiterungsmöglichkeiten an. Wenn Sie selbstständig sind, haben Sie zum Beispiel die Möglichkeit, Ihr Geschäft erfolgreich zu vergrößern. Als Angestellter können Sie eine Beförderung erreichen.

Im Partnerschaftsbereich sind Sie zu mehr Toleranz und Einfühlungsvermögen fähig, was von beiden Seiten als immense Bereicherung empfunden wird.

Harmonische Aspekte (Trigon und Sextil) des Radix-Neptun mit dem Transit-Jupiter

Entsprechen auch harmonischen Aspekten zwischen dem laufenden Herrscher von Haus neun und dem Herrscher von Haus zwölf

Investitionen in zwischenmenschlicher, beruflicher oder finanzieller Hinsicht beginnen sich jetzt auszuzahlen. Das Auflösen bestimmter

Verträge und Verbindlichkeiten, wie zum Beispiel der Verkauf von Aktien, kann jetzt von großem Vorteil für Sie sein.

Sie erhalten Unterstützung und Beistand von einer Seite, mit der Sie nie gerechnet hätten.

Wenn Sie die Möglichkeit haben, sollten Sie eine Fernreise in Betracht ziehen. Insbesondere Kreuzfahrten auf Schiffen könnten jetzt eine ausgesprochen wohltuende Atmosphäre für Sie schaffen, die Sie in die Lage versetzt, so viel Distanz zum Alltagsleben herzustellen, dass Sie in Ruhe Ihre weiteren Lebensziele planen können.

Jupiter-Pluto-Transite

Prinzip: prinzipienorientierte Weltanschauung

Konjunktion des Radix-Jupiter mit dem Transit-Pluto

Entspricht auch der Konjunktion zwischen dem laufenden Herrscher von Haus acht und dem Herrscher von Haus neun

Dieser Transit gibt Ihnen für die Dauer von einigen Jahren das Gefühl besonderer Macht, persönlicher Ausstrahlung und Überzeugungsfähigkeit.

Das Bedürfnis nach Macht und Autorität ist jetzt vermutlich stärker als Ihre Toleranzbereitschaft und Ihr Wunsch, mit Ihrer Umgebung gut auszukommen. Um die eigenen Vorstellungen durchsetzen zu können, sind Sie vermutlich bereit, bis an Ihre moralischen Grenzen zu gehen und sogar Dinge zu tun, die Sie normalerweise ablehnen würden.

Viele Menschen sind in dieser Zeitphase besonders charismatisch, während sie gleichzeitig von einem besonderen Sendungsbewusstsein erfüllt sein können. Der Drang, andere von den eigenen Ansichten zu überzeugen, kann unüberwindlich stark werden und die Umgebung erheblich unter Druck setzen.

Wenn Sie die Grenzen anderer überschreiten, spielt es keine

Rolle, ob Sie mit den besten Absichten handelten oder nicht, es bleibt in jedem Fall ein Übergriff.

Dies führt zu der Schwierigkeit, dass Sie sich zu Unrecht sicher fühlen und glauben, eine Vielzahl von Freunden, Bekannten oder Mitarbeitern von Ihren Ansichten überzeugt zu haben. In Wahrheit sind einige von ihnen damit beschäftigt, nach Mitteln und Wegen zu suchen, um sich Ihrem Einfluss, den sie als stark manipulativ erleben, entziehen zu können.

Bei diesem Transit, wie bei allen Plutoübergängen, ist zu bedenken, dass er sich höchstens einmal in Ihrem Leben ergibt. Er bietet die Chance, alte Anschauungen und Einsichten, die sich als überholt und untauglich erwiesen haben, zu überwinden. Gleichzeitig können Sie eine neue Weitsicht, neue philosophische und ethische Prinzipien finden oder entwickeln, die Ihren heutigen Erkenntnissen und Überzeugungen besser entsprechen. Da die weltanschaulichen Prägungen, die Sie während dieses Transits entwickeln, für den Rest Ihres Lebens fixiert bleiben und kaum noch größere Modifikationen erfahren können, sollte die Bedeutung der Konstellation nicht unterschätzt werden. Hier ist eine gute Gelegenheit, die eigene Toleranzfähigkeit zu erweitern.

Gefährlich wäre es jetzt, aufgrund der momentan stark erlebten geistigen Autorität in Allmachts- und Absolutheitsfantasien abzugleiten. Wird solchen Tendenzen nicht frühzeitig entgegengesteuert, können kaum reparable Zwangsvorstellungen die Konsequenz sein. Am leichtesten lässt sich diese Gefahr bannen, indem der Horoskopeigner an sich arbeitet und anderen die Chance lässt, ihre eigenen Erfahrungen zu machen und Einsichten zu entwickeln.

Konjunktion des Radix-Pluto mit dem Transit-Jupiter

Entspricht auch der Konjunktion zwischen dem laufenden Herrscher von Haus neun und dem Herrscher von Haus acht

Dieser Transit kommt einmal in etwa zwölf Jahren vor. Er entspricht der Expansion und Weiterentwicklung der seit der letzten

Konjunktion gemachten Erfahrungen und Vorstellungsbilder. Nachdem wir immer mehr Prinzipien und Wertungen in unserem Leben angesammelt haben, die wir lange Zeit »Erfahrung« nannten, haben wir jetzt die Chance, zu lernen, dass Freundlichkeit und Toleranz wertvoller und wichtiger als jedes noch so intelligente Dogma sind. In dieser Hinsicht ähnelt der Transit dem Übergang vom Erwachsenenalter zum Greisenalter. Nachdem der Mensch alles Mögliche ausprobiert hat, entsteht das, was wir Einsicht oder auch Weisheit nennen. Alle Erfahrungen, die wir während der Dauer des Transits machen, dienen dem Zweck, eine angemessene Haltung dem gegenüber zu entwickeln, was uns die nächsten zwölf Jahre erwartet.

Die Falle dieses wichtigen Übergangs liegt in der Gefahr der überzogenen Positivdefinition. Der Horoskopeigner wertet Erfolge und Gewinne nicht als angenehme und dankenswerte Glücksfälle, sondern als persönliche Leistungen. Anstatt sich innerlich zu öffnen und aufgrund der Erkenntnis der eigenen Begrenzt- und Beschränktheit eine heitere Gelassenheit und ungekünstelte Demut zu erlernen, richtet er seine Aufmerksamkeit lediglich auf sogenannte persönliche Erfolge, die er unter allen Umständen wiederholen und vergrößern möchte. Dadurch, dass wir einer angenehmen oder sogar lustvollen Erfahrung über Gebühr Aufmerksamkeit schenken, erreichen wir jedoch das Gegenteil von dem, was uns dieser Transit lehren möchte. Wir binden uns an materielle Erfolge und füttern unser Ego, anstatt die Sicherung der physischen Existenz als Grundlage unserer spirituellen Entwicklung zu nutzen.

Spannungsaspekte (Opposition und Quadrat) des Radix-Jupiter mit dem Transit-Pluto

Entsprechen auch Spannungsaspekten zwischen dem laufenden Herrscher von Haus acht und dem Herrscher von Haus neun

In den Jahren, in denen dieser Transit gilt, sollten Sie besonders darauf achten, dass Sie die Menschen in Ihrer Umgebung, insbesondere diejenigen, die von Ihnen direkt oder indirekt abhängig sind, nicht »unterbuttern«.

Vermutlich sind Sie in vielen Fällen davon überzeugt, dass es für ein aktuell anstehendes Problem nur eine einzige sinnvolle Lösung – nämlich Ihre – gibt, die unter allen Umständen verwirklicht werden muss, um ein größeres Unglück zu vermeiden. Solange Ihre Entscheidungen auch nur Sie selbst betreffen, ist eine derartige Einstellung sicherlich vertretbar. Sobald Sie anderen Ihren Willen aufzwingen, auch wenn dies mit den besten Absichten geschieht, sieht die Sache jedoch ganz anders aus. Wenn Sie sich solche Situationen unvoreingenommen anschauen, werden Sie feststellen, dass Sie hierbei gegen die Einsicht oder die persönlichen Interessen von Menschen handeln, deren Wohl Ihnen eigentlich am Herzen liegt.

Konzentrieren Sie sich besser auf das, was Sie mit sich selbst erreichen wollen, und denken Sie weniger an die Schwächen anderer. Dies wird Ihnen helfen, die Grenzen anderer zu respektieren.

Spannungsaspekte (Opposition und Quadrat) des Radix-Pluto mit dem Transit-Jupiter

Entsprechen auch Spannungsaspekten zwischen dem laufenden Herrscher von Haus neun und dem Herrscher von Haus acht

Dieser Transit ergibt sich alle drei Jahre einmal. Er dauert einige Wochen bis Monate an. Verbindlichkeiten, die Sie in der Vergangenheit eingegangen sind, können jetzt als kaum erträgliche Einengung empfunden werden. Dies kann den Beruf, Freundschaften, Verträge sowie jede andere Form der Verpflichtung betreffen. Obwohl Sie sich mit dem Herzen nicht mehr für Ihre damaligen Zusagen begeistern können, sehen Sie doch keine Chance freizukommen. Ihr Verlangen nach Wachstum und Freiheit von Verantwortung steht im Gegensatz zu Ihren religiösen, ethischen und moralischen Überzeugungen. Es handelt sich hier um eine sehr grundsätzliche Krise, die Ihre gesamte bisherige Weltanschauung infrage stellt.

Ob es Ihnen gefällt oder nicht, Sie müssen jetzt doch zu radikalen Entscheidungen kommen. Wenn Sie sich nun aus bisherigen Beziehungen und Verträgen lösen, wird dies weitreichende Konsequenzen für Ihr gesamtes weiteres Leben haben. Ein Kompromiss, der beide Bedürfnisse unter einen Hut bringt, ist kaum möglich. Sie werden kämpfen müssen, gegen den Widerstand der anderen und gegen Ihre eigenen Schuldgefühle. Die Beurteilung, inwieweit Ihre Skrupel zu Recht bestehen oder doch nur eine Rechtfertigung Ihrer Entscheidungsschwäche darstellen, kann Ihnen niemand abnehmen.

Andererseits wird sich der Transit auch so auswirken, dass Sie Verantwortung übernehmen müssen für Situationen, in denen Sie sich verantwortungslos verhalten haben. Es ist besser, alte Schulden jetzt freiwillig zu begleichen, als später einmal mit Zins und Zinseszins zur Verantwortung gezogen zu werden.

Harmonische Aspekte (Trigon und Sextil) des Radix-Jupiter mit dem Transit-Pluto

Entsprechen auch harmonischen Aspekten zwischen dem laufenden Herrscher von Haus acht und dem Herrscher von Haus neun

Hier ergeben sich lang andauernde Phasen emotionaler, sozialer und moralischer Autorität und Stabilität. Wenn Sie etwas wollen, wird dies für die Dauer des Transits auf Ihre Umgebung eine starke Suggestivwirkung haben, da Sie in der Verwirklichung Ihrer Pläne jetzt sehr erfolgreich sind. So neigen die Menschen in Ihrer Umgebung jetzt in besonderem Maße dazu, auf den fahrenden Zug aufzuspringen, um von Ihrer Instinktsicherheit zu profitieren. Gerne akzeptieren andere Ihre Autorität und richten sich nach Ihren Anweisungen. Dies wird jedoch keinesfalls als Unterdrückung oder als Übergriff empfunden, sondern als Entgegenkommen. Sie sollten sich davor hüten, aus lauter Freude für den Respekt und die Anerkennung, die Ihre Umgebung Ihnen entgegenbringt, irgendeine Verantwortung für wen auch immer zu übernehmen. Denn wann immer etwas nicht so läuft, wie sich das andere vorgestellt haben, wird dies Ihnen zur Last gelegt.

Harmonische Aspekte (Trigon und Sextil) des Radix-Pluto mit dem Transit-Jupiter

Entsprechen auch harmonischen Aspekten zwischen dem laufenden Herrscher von Haus neun und dem Herrscher von Haus acht

Dieser Transit entspricht einer Phase großer innerer Gelassenheit. Es gelingt Ihnen, andere durch Ihre Konsequenz zu überzeugen, ohne dass Sie sich dafür in den Vordergrund drängen müssten. Fast alles, was Ihnen an persönlichen und partnerschaftsbezogenen Zielen und Aufgaben wichtig ist, können Sie auch realisieren. Dies liegt mit daran, dass Sie auf jede Dogmatik verzichten und keinen Druck auf andere ausüben. Das kommt gut an und bringt Ihr persönliches Umfeld auf Ihre Seite. Dieser Transit zeigt Ihnen auf eine ausgesprochen angenehme und befriedigende Weise, welche positiven Folgen Ihre Bemühungen um Konsequenz und Toleranz haben können.

Saturn-Transite

Prinzip: normative Exzentrizität

Konjunktion des Radix-Saturn mit dem Transit-Uranus

Entspricht auch der Konjunktion des laufenden Herrschers von Haus elf mit dem Herrscher von Haus zehn

Dieser Transit dauert oft Monate an und bringt tief greifende, unerwartete und plötzliche Lebensveränderungen mit sich, die sich meist ohne irgendwelche Vorzeichen einstellen.

Eine passive und eine aktive Verwirklichung sind möglich. Im ersten Fall sorgen äußere Anlässe für eine Erschütterung Ihrer bisherigen Lebensorientierung. Dies mag eine radikale berufliche Veränderung, ein Schockerlebnis, das alle Ihre bisherigen Pläne über den Haufen wirft, oder auch ein wesentlich weniger dramatisches Ereignis sein, das Ergebnis ist in allen Fällen gleich: Die bisherige Lebensführung wird vollständig infrage gestellt.

Im zweiten Fall kommt der Auslöser nicht von außen, sondern Sie selbst bringen das scheinbar stabile Gebäude Ihrer bisherigen Lebensorientierung zum Einsturz, indem Sie vielleicht plötzlich kündigen, umziehen oder auf eine andere Weise aus gewohnten Bahnen ausbrechen.

In der weiteren Entwicklung macht es kaum einen Unterschied, ob der Uranus-Transit von Ihnen selbst oder von außen ausgelöst wurde.

Verpflichtungen, äußere Zwänge und Verhaltensnormen, die Sie noch nie mochten, aber für notwendig oder doch wenigstens unumgänglich hielten, werden mit einem Mal so unerträglich, dass Sie sie ohne Rücksicht auf die Konsequenzen unvermittelt aufgeben.

Alles, was am bisherigen Leben falsch, inkonsequent oder auch nur allzu selbstverständlich war, wird radikal hinterfragt. Jahrzehntelange Lebensgewohnheiten können so von einem Tag auf den anderen abgelegt werden.

Diese plötzlichen Verhaltensänderungen sind für alle Beteiligten, einschließlich Sie selbst, irritierend bis erschreckend. Ein Mensch, den seine Umgebung gut zu kennen glaubte, verhält sich auf eine Weise, wie man es an ihm noch nie erlebt hat. Es mag Leute geben, die sogar an Ihrer geistigen Gesundheit zweifeln. In gewisser Weise kommen nun alle Persönlichkeitsanteile zum Vorschein, die ein Leben lang so unterdrückt waren, dass kaum jemand überhaupt von ihrer Existenz wusste. Da auf der anderen Seite fast alle bisherigen offensichtlichen Interessen zumindest zeitweilig abgelegt werden, ist die Persönlichkeitsveränderung für die Umwelt nur schwer nachzuvollziehen. Auch Sie selbst werden sich erst einmal an die radikalen Umstellungen in Ihrem Leben gewöhnen müssen. Gleichzeitig werden Sie jedoch ausnehmend die Befreiung von Fesseln genießen, von denen Sie vielleicht bis jetzt noch nicht einmal wussten, dass Sie sie haben. Dies ist zumindest dann der Fall, wenn Sie die genannten Veränderungen selbst herbeigeführt haben.

Hier besteht die Chance und eröffnet sich die Lernaufgabe, wirkliche Individualität und Unabhängigkeit von Konventionen zu lernen. Das einzig Sichere im Leben ist, dass es keine wirkliche Sicherheit gibt und auch nie geben kann. Aus diesem Bewusstsein kann Freiheit erwachsen.

Konjunktion des Radix-Uranus mit dem Transit-Saturn

Entspricht auch der Konjunktion des laufenden Herrschers von Haus zehn mit dem Herrscher von Haus elf

Dieser Transit dauert oft Monate an und bringt tief greifende Veränderungen Ihrer allgemeinen Lebensorientierung und beruflichen Ziele mit sich. Sie werden unerwartet und grundlegend ihre persönliche Zeiteinteilung und Lebensplanung umstrukturieren müssen, wenn Sie verhindern wollen, dass Ihnen die Entwicklungen in Ihrem beruflichen Umfeld entgleiten.

In praktischer Hinsicht kann dies bedeuten, dass Sie neue Gewohnheiten entwickeln müssen. Das heißt, dass Sie anhand von

Experimenten eine angemessene Anpassung an die veränderten Erfordernisse finden, daraus ein adäquates Konzept entwickeln und dieses dann auch konsequent in die Praxis umsetzen. Wenn Sie Arbeitnehmer, Beamter oder Angestellter sind, mag dies bedeuten, dass sie, um weiterzukommen, Umschulungen, Zusatzausbildungen, einen Umzug und Arbeitsplatzwechsel in Betracht ziehen müssen, wenn Sie nicht im Abseits landen wollen. Als Selbstständiger werden Sie gezwungen sein, einschneidende Veränderungen in Ihrem gesamten Unternehmenskonzept vorzunehmen, um gegen die Konkurrenz überleben zu können. Dieser Transit, den wir im Leben kaum mehr als einmal erleben können, bietet Ihnen die Chance, das Bild, welches Sie von sich und Ihrer Zukunft haben, grundlegend zu verändern. Sie haben somit die einmalige Chance, einschneidende Zielkorrekturen vorzunehmen, um so endlich die Lebensperspektive zu haben, die Ihnen angemessen ist.

Spannungsaspekte (Opposition und Quadrat) des Radix-Saturn mit dem Transit-Uranus

Entsprechen auch Spannungsaspekten zwischen dem laufenden Herrscher von Haus elf und dem Herrscher von Haus zehn

Bei diesem lang anhaltenden Transit müssen Sie damit rechnen, dass heftige und unerwartete Ereignisse und Umbrüche auf Sie zukommen, die Ihr Leben gründlich verändern.

Das allzu lange Festhalten an überlebten Gewohnheiten, das Verstecken hinter Normen und Konventionen, die Angst, Individualität zu entwickeln und persönliche Unabhängigkeit unter Beweis zu stellen, können sich jetzt bitter rächen. So müssen Sie mit Angriffen von außen rechnen, die Sie völlig aus der Bahn werfen könnten. Falls tatsächlich derartig gravierende Fehler zu korrigieren sind, werden Sie heftig kämpfen müssen, um wieder zu sich selbst und einem praktikablen Lebenskonzept zu finden. Der größte Fehler wäre allerdings der untaugliche Versuch, sich um eine Lösung der Probleme herumzudrücken. Dies kann nicht funktionieren, da

Sie viel zu eindeutig konfrontiert werden. Selbst wenn es Ihnen gelänge, anstehende Korrekturen auf die lange Bank zu schieben, so hätte dies nur zur Folge, dass die Rechnung zu einem späteren Zeitpunkt noch wesentlich höher ausfiele.

Falls Sie jedoch bereits in der Vergangenheit Vorbereitungen getroffen haben, sich aus einer eingeschränkten und beengten Lebenssituation zu befreien, so ist unter diesem Transit eine regelrechte Hochphase möglich. Mit einem Mal sind alle Schwierigkeiten aus dem Weg geräumt und Sie können sich in Beruf und Karriere so frei entfalten wie nie zuvor.

Spannungsaspekte (Opposition und Quadrat) des Radix-Uranus mit dem Transit-Saturn

Entsprechen auch Spannungsaspekten zwischen dem laufenden Herrscher von Haus zehn und dem Herrscher von Haus elf

Hier ergeben sich deutliche Hinweise beruflicher und psychischer Überforderung. Vermutlich waren Sie noch nie im Leben über einen längeren Zeitraum hinweg gezwungen, sich in Ihrer Lebensperspektive permanent neu zu orientieren. In mehreren Bereichen, insbesondere jedoch im Beruf, müssen Sie sich parallel unterschiedlichen Situationen stellen, für die Sie einfach noch kein Handlungskonzept haben.

Auch wenn solche Prozesse ausgesprochen anstrengend und auch ein wenig beängstigend sein mögen, so sind sie doch auf keinen Fall langweilig. Der Zwang zur Improvisation ist ein hervorragendes Mittel, um das eigene Selbstbild und Selbstbewusstsein zu schärfen, da Sie ja auf sich allein gestellt sind und nicht auf bewährte Muster zurückgreifen können. Jede gesellschaftliche und berufliche Herausforderung, die Sie jetzt bestehen, können Sie deshalb uneingeschränkt Ihren kreativen Fähigkeiten zuschreiben.

Lernaufgabe und Herausforderung dieses Transits ist daher auch der Erwerb einer individuellen Lebensperspektive, die sich aus der Überwindung alter Verhaltensmuster ergibt.

Harmonische Aspekte (Trigon und Sextil) des Radix-Saturn mit dem Transit-Uranus

Entsprechen auch harmonischen Aspekten zwischen dem laufenden Herrscher von Haus elf und dem Herrscher von Haus zehn

In diesen Monaten ernten Sie die Früchte früherer beruflicher und anderer langfristig orientierter Anstrengungen, indem Sie ein ausgesprochen angenehmes Gleichgewicht zwischen gesellschaftlichen Möglichkeiten und persönlichem beruflichem Freiraum genießen können. In beruflicher oder sozialer Hinsicht werden Sie sich eine Position erarbeitet haben, die Ihren Neigungen entspricht und Ihnen einen Status verschafft, mit dem Sie sich wohlfühlen können. Wenn es Ihnen bis jetzt noch nicht gelungen ist, die gesellschaftliche und berufliche Position zu erreichen, die Sie sich wünschen, so treffen Sie unter diesem Transit die in Relation zu Ihrer momentanen Position günstigsten Bedingungen an.

Insgesamt ist Ihre Position so gefestigt, dass Sie sich auch risikolos einige Experimente erlauben können.

Harmonische Aspekte (Trigon und Sextil) des Radix-Uranus mit dem Transit-Saturn

Entsprechen auch harmonischen Aspekten zwischen dem laufenden Herrscher von Haus zehn und dem Herrscher von Haus elf

Nur selten im Leben haben Sie die Chance, Selbstbestätigung und offizielle bzw. berufliche Anerkennung für Ihre individuellen Leistungen zu erhalten wie bei diesem Transit. Es wird sichtbar und positiv zur Kenntnis genommen, welche Fähigkeiten und Begabungen Sie besitzen und welche Leistungen Sie als Individuum in der Gesellschaft und damit auch in Ihrer beruflichen Karriere vollbracht haben. Auslöser einer derartigen Situation ist im Allgemeinen das Überschreiten von beruflichen oder gesellschaftlichen Konventionen, was natürlich im Normalfall eher Schwierigkeiten, Probleme, Kritik und Ähnliches mit sich bringt. Wenn sich allerdings herausstellt, dass dieses »Fehlverhalten« für alle Beteiligten von Vorteil war, ergeben sich in der Regel die oben beschriebenen Konsequenzen.

Saturn-Neptun-Transite

Prinzip: die Gesetze der Wahrheit

Konjunktion des Radix-Saturn mit dem Transit-Neptun

Entspricht auch der Konjunktion zwischen dem laufenden Herrscher von Haus zwölf und dem Herrscher von Haus zehn

Dieser Transit gibt Ihnen für die Dauer von einigen Monaten bis Jahren das Gefühl, den festen Boden unter den Füßen zu verlieren. Alles, was Sie sich im Leben bisher aufgebaut haben, scheint Ihnen wie Sand durch die Finger zu rinnen, und Sie drohen jedes Ziel und jede Orientierung zu verlieren. Sie fühlen sich kraftlos, und was Sie mit großen Anstrengungen beginnen, erweist sich nur allzu oft als Utopie und löst sich in nichts auf. Selbst Erfolge kehren sich um und wirken sich innerhalb kurzer Zeit zu Ihrem Nachteil aus.

Nichts von dem oben Gesagten muss der Wahrheit entsprechen, aber es gibt in den meisten Fällen das Lebensgefühl der Nativen wieder. Sie fühlen sich einfach kraft- und mutlos und glauben, jeglichen Sinn in ihrem Leben verloren zu haben. Auch wenn hier äußerlich nachvollziehbare konkrete Anlässe vorhanden sein mögen, wie etwa der Verlust des Berufs oder das Ende von Partnerschaften, so liegt der wahre Sinn dieses Transits doch in der Auflösung verkrusteter und überlebter Lebensmuster. Je mehr wir uns etwas vorgemacht haben, umso kälter kann uns dieser Transit erwischen. Dennoch ist seine Wirkung positiv und heilsam, weil sie uns zwingt, uns von altem Ballast zu lösen. Bereits während der Gültigkeit dieser Konstellation kann uns dies bewusst werden. Spätestens aber, nachdem der Transit überstanden ist, fühlen Sie sich wie befreit und können überhaupt nicht mehr verstehen, dass Sie bereit waren, so viele Einschränkungen, Abweisungen, Erniedrigungen und Maßregelungen über sich ergehen zu lassen.

Konjunktion des Radix-Neptun mit dem Transit-Saturn

Entspricht auch der Konjunktion zwischen dem laufenden Herrscher von Haus zehn und dem Herrscher von Haus zwölf

Während den Radixaspekten zwischen beiden Planeten aus den genannten Gründen ohne Bezug zu den individuellen Punkten im Horoskop kaum eine individuelle Bedeutung zukommt, zeigt sich in der Prognose der Übergang Saturns über Neptun als besonders bedeutsam. Eine der zahlreichen Entsprechungen Neptuns ist die Sehnsucht nach einem irdischen oder überirdischen Paradies. Wir suchen nach dem Sinn unseres Daseins und probieren eine Menge Dinge aus, bis wir uns während dieser Konjunktion schließlich entscheiden und damit die Richtung gefunden haben, in die wir uns weiterentwickeln wollen. So hat dieser Transit unabhängig vom biologischen Alter viel mit dem Erwachsenwerden zu tun. Aus einem romantischen Backfisch wird ein Mensch, der sich seiner Verantwortung im Leben bewusst ist und die für ihn geeigneten Ziele gefunden hat.

Von besonderer Bedeutung ist hier, in welchem Maß der Native die Möglichkeit hatte, wirklich nach seinem Ziel im Leben zu suchen. Wenn es keine Möglichkeit gab, verschiedenen Utopien nachzuhängen und ihre Umsetzung auszuprobieren, ist auch keine echte Entscheidung möglich. Dies gilt sowohl für die spirituelle Orientierung wie auch für den Beruf. Im schlimmsten Fall mag mancher, wenn die Würfel einmal gefallen sind, das Gefühl haben, in ein Joch der harten Realität gepresst worden zu sein, das alle Ideale, Träume und Visionen in einem sterben lässt. Im günstigsten Fall wird er von dem befriedigenden Gefühl erfüllt sein, endlich zu wissen, was er vom Leben will und wie er sich sein persönliches Stück vom Himmel auf die Erde holt. Wenn Saturn über den Radix-Neptun geht, nähert sich auch eine Lebensphase unwiederbringlich ihrem Ende, in der wir noch unbefangen Wunschträumen, Utopien und »Seifenblasen« nachjagen konnten. Letztlich ist es die persönliche Entscheidung des Einzelnen, ob er dem Verlust dieser Zeit nachtrauert oder sich über die Möglichkeiten der Wirklichkeit freut.

Spannungsaspekte (Opposition und Quadrat) des Radix-Saturn mit dem Transit-Neptun

Entsprechen auch Spannungsaspekten zwischen dem laufenden Herrscher von Haus zwölf und dem Herrscher von Haus zehn

Dieser Transit hat für einen Zeitraum von etwa vier Jahren Gültigkeit. Vermutlich befinden Sie sich in einer Sinnkrise, und Sie sind sich überhaupt nicht mehr sicher, ob das, was Sie im Beruf sowie im Leben allgemein anstreben, auch das Richtige ist.

Sie haben ein wenig Ihr Ziel aus den Augen verloren und sehen Ihre Möglichkeiten schwinden. Unter solchen Bedingungen ist es schwer, den Nutzen von Selbstdisziplin und Einschränkungen welcher Art auch immer einzusehen.

Möglicherweise bietet Ihnen jemand halbseidene oder illegale Manipulationen an, die Ihnen den schnellen, garantiert erfolgreichen Karrierepush bringen sollen. Von moralischen Überlegungen ganz abgesehen, kann dies einfach nicht funktionieren. Sie würden letztlich alles verlieren, was Sie sich in Ihrem Leben aufgebaut haben, und Ihre wirtschaftliche Existenz riskieren. Auch die Gefahr, Opfer von Hochstaplern, Steuerfahndern sowie V-Männern und ähnlich freundlichen Gesellen zu werden, ist groß.

Lernaufgabe und Herausforderung ist hier, nicht Opfer der eigenen Sinnkrise und Existenzängste zu werden.

Spannungsaspekte (Opposition und Quadrat) des Radix-Neptun mit dem Transit-Saturn

Entsprechen auch Spannungsaspekten zwischen dem laufenden Herrscher von Haus zehn und dem Herrscher von Haus zwölf

In der langen Zeit, in der dieser Transit gilt, sollten Sie besonders darauf achten, dass Sie nicht Ziele, wie zum Beispiel Berufe oder Ausbildungen, akzeptieren, die Ihnen eigentlich nicht liegen und die Sie auch nicht wollen. Die Gefahr ist hier nämlich groß, dass Sie, nur um ein Gefühl von Sicherheit und Orientierung zu haben, langfristige Bindungen und Verbindlichkeiten eingehen, die nur allzu schnell zur zwar beruhigenden, aber unbarmherzigen und freudlosen Tretmühle werden.

Vermutlich sind Sie in vielen Fällen davon überzeugt, Sie befänden sich in einer derart verworrenen und haltlosen Situation, dass jede Verbindlichkeit und Orientierung besser sei, als in diesem Zustand zu verharren. So kommen Mietverträge, Berufe, Partnerschaften und Ehen zustande, die Ihnen alles, nur nichts Gutes bringen können.

Lernaufgabe und Herausforderung dieses Transits ist es, die Unsicherheit auszuhalten, durch eine Phase der Unwägbarkeit und Desorientierung zu gehen, bis sich allmählich, aber dafür umso klarer eine neue Perspektive herausbildet.

Harmonische Aspekte (Trigon und Sextil) des Radix-Saturn mit dem Transit-Neptun

Entsprechen auch harmonischen Aspekten zwischen dem laufenden Herrscher von Haus zwölf und dem Herrscher von Haus zehn

Falls nicht andere, gegenteilige Aspekte dem widersprechen, handelt es sich bei diesem Transit um eine längere Periode, in der Sie mit erfreulichen Überraschungen rechnen dürfen. Sie fühlen sich in Ihrem Beruf wohl und beschäftigen sich eventuell in angenehmer

Art und Weise mit spirituellen Themen und Ihren utopischen Fantasien.

In beruflicher und gesellschaftlicher Hinsicht bieten sich Ihnen Erweiterungsmöglichkeiten an, die Sie vermutlich für außerhalb des Möglichen gehalten hätten.

Harmonische Aspekte (Trigon und Sextil) des Radix-Neptun mit dem Transit-Saturn

Entsprechen auch harmonischen Aspekten zwischen dem laufenden Herrscher von Haus zehn und dem Herrscher von Haus zwölf

Investitionen in beruflicher Hinsicht sowie konsequent verfolgte Langzeitziele beginnen sich nun auszuzahlen. Der Versuch, lang gehegte Wunschträume zu verwirklichen, kann zu sehr überraschenden Ergebnissen führen.

Sie erhalten Unterstützung und Beistand von einer Seite, mit der Sie nie gerechnet hätten. Vermutlich versucht jemand eine Ungerechtigkeit, die Ihnen widerfahren ist, in Ordnung zu bringen, obwohl er selbst nicht dafür verantwortlich war. Mit hoher Wahrscheinlichkeit wissen Sie von dem ganzen Vorgang nichts, da andere nach wie vor großen Wert darauf legen, die Zusammenhänge zu verbergen. Dennoch werden Sie aufgrund der unerwartet positiven Unterstützung möglicherweise Mutmaßungen anstellen können, um welchen Themen- und Täterkreis es sich handeln könnte.

Prinzip: prinzipienorientierte Durchsetzungsfähigkeit

Konjunktion des Radix-Saturn mit dem Transit-Pluto

Entspricht auch der Konjunktion zwischen dem laufenden Herrscher von Haus acht und dem Herrscher von Haus zehn

Wie alle Konjunktionen des laufenden Pluto, so kann auch dieser Transit höchstens einmal im Leben vorkommen. Entsprechend grundsätzlich und weitreichend ist seine Bedeutung. Bei diesem Übergang müssen wir in konkreter oder metaphorischer Form lernen, was uns bleibt, wenn wir alles verloren haben. Der Plutoübergang über unseren Radix-Saturn zwingt uns zu der Auseinandersetzung mit den Fragen: »Was ist von Dauer? Was bleibt von mir, wenn ich einmal tot bin? Wofür lohnt es sich, alle Risiken und Opfer in Kauf zu nehmen?« Natürlich ist weder die Auseinandersetzung mit diesen Fragen noch sind es die Umstände, die dazu führen, dass sie sich stellen, wirklich angenehm. Sie ergeben sich meist nur in Situationen, in denen wir uns in Grenzsituationen befinden, wenn wir uns dem Tode nahe glauben oder wenn wir einen Verlust erlitten haben, den wir kaum verschmerzen können.

Wenn Sie sich jedoch diesem Prozess stellen – und das ist das Beste, was Sie tun können, denn aufhalten oder vermeiden lässt er sich sowieso nicht –, dann können Sie in unauslöschlich eindrucksvoller Weise die Quintessenz Ihres Lebens erfahren. Sie wissen dann mit der größtmöglichen Gewissheit, was für Sie wichtig und erstrebenswert ist und was nicht. Dinge wie Langeweile oder Sinnlosigkeitsempfindungen kann es für jemanden, der diesen Prozess durchlaufen hat, nicht mehr geben. Es ist, als ob Sie Ihren persönlichen Kompass entdeckt hätten, der Ihnen untrüglich den richtigen Weg weist.

Lernaufgabe und Herausforderung dieses Transits können nur gemeistert werden, wenn Sie sich dem »Egotod« stellen; das heißt, wenn Sie über die kurzfristige Befriedigung Ihrer subjektiven Bedürfnisse hinaus denken und fühlen können. Anderenfalls besteht die Gefahr einer unfreiwilligen und deshalb umso schmerzhafter und sinnloser erscheinenden Läuterung.

Konjunktion des Radix-Pluto mit dem Transit-Saturn

Entspricht auch der Konjunktion zwischen dem laufenden Herrscher von Haus zehn und dem Herrscher von Haus acht

Dieser Transit kommt einmal in zirka dreißig Jahren vor. Er entspricht der Konzentration und Verdichtung der seit der letzten Konjunktion gemachten Erfahrungen und Vorstellungsbilder. Erfahrungen werden zu Einstellungen, und Einstellungen werden zu Lebensmaximen. In dieser Hinsicht ähnelt der Transit dem Übergang von der Pubertät zum Erwachsenenalter. Nachdem der Horoskopeigner alles Mögliche ausprobiert hat, entsteht das, was wir Reife, Haltung oder auch Lebenseinstellung nennen. Jede Erfahrung, die wir während der Dauer des Transits machen, dient dem Zweck, eine angemessene Haltung all dem gegenüber zu entwickeln, was uns die nächsten dreißig Jahre erwartet.

Die Falle dieses wichtigen Übergangs liegt in der Gefahr der Negativdefinition. Mancher wertet Misserfolge und Verluste nicht als wertvolle und lehrreiche Erfahrungen, sondern als persönliches Scheitern und Anlass zur Verhärtung und Verbitterung. Anstatt sich auf seine Fähigkeiten und Aufgaben zu konzentrieren, richtet er seine Aufmerksamkeit lediglich auf sogenannte schlechte Erfahrungen, die er unter keinen Umständen wiederholen möchte. Dadurch, dass wir einer unangenehmen oder sogar schmerzhaften Vergangenheit über Gebühr Aufmerksamkeit schenken, erreichen wir jedoch das Gegenteil von dem, was wir wünschen. Wir zitieren längst überlebte Inhalte wieder herbei und laufen so massiv Gefahr, uns in einen Teufelskreis beständig wachsender negativer Einstellungen zu begeben.

Spannungsaspekte (Opposition und Quadrat) des Radix-Saturn mit dem Transit-Pluto

Entsprechen auch Spannungsaspekten zwischen dem laufenden Herrscher von Haus acht und dem Herrscher von Haus zehn

Dieser mächtige und seltene Transit erzwingt Konsequenz in einem unangenehmen oder masochistischen Sinne. Ganz nach dem Motto »Wer A sagt, muss auch B sagen« meinen wir in der Gegenwart eine Suppe auslöffeln zu müssen, die wir uns, ohne die Folgen recht zu bedenken, in der Vergangenheit selbst eingebrockt haben.

So war zum Beispiel der Beginn des Zweiten Weltkrieges durch ein Saturn-Pluto-Quadrat symbolisiert. Die Menschen mussten also die Konsequenzen tragen, die es mit sich brachte, Hitler zum Reichskanzler zu wählen.

Dieses Beispiel ist deshalb passend, weil es deutlich macht, dass für die Folgen früherer Handlungen geradezustehen nicht heißen kann und darf, dass wir aufgrund eines großen Fehlers in der Vergangenheit einen noch größeren Fehler in der Gegenwart zu begehen haben.

Vermutlich kann niemand mit Sicherheit sagen, wie 1939 der Zweite Weltkrieg noch hätte verhindert werden können. Dass dies richtig und notwendig gewesen wäre, wird ein klar denkender Mensch schwerlich abstreiten können.

Das heißt auf das persönliche Horoskop übertragen, dass Spannungsaspekte des laufenden Pluto zum Radix-Saturn dem kritischen Punkt entsprechen, an dem es kein Zurück mehr gibt. Entweder wird eine folgenschwere Fehlentscheidung jetzt korrigiert, auch wenn dies Einschränkungen und Opfer mit sich bringt, oder es gibt keine Möglichkeit mehr, vom fahrenden Zug abzuspringen. Diese Konstellation mag uns vorgaukeln, dass wir uns bereits in einer Situation befinden, in der wir keine Wahl mehr hätten, doch genau dies ist nicht wahr. Es ist die einzige Situation, in der wir in Wahrheit noch wählen können.

Spannungsaspekte (Opposition und Quadrat) des Radix-Pluto mit dem Transit-Saturn

Entsprechen auch Spannungsaspekten zwischen dem laufenden Herrscher von Haus zehn und dem Herrscher von Haus acht

Dieser Transit symbolisiert Lebenssituationen, in denen unsere persönlichen Ziele nicht mehr mit unseren Wertvorstellungen und Prinzipien vereinbar sind. Das heißt, es kommt zu einem eklatanten Spannungsverhältnis zwischen dem, was Sie möchten, und dem, was Sie von sich selbst erwarten. In einem der beiden Bereiche müssen wir Opfer bringen. Entweder ändern wir unsere persönlichen Moralvorstellungen, um sie mit unseren Lebenszielen vereinbar zu machen, oder umgekehrt.

Wenn wir unsere Lebensziele an die Moralvorstellungen anpassen, müssen wir lernen, unsere subjektiven Bedürfnisse einzuschränken und zu disziplinieren.

Halten wir an der Verwirklichung unserer Wünsche fest, so müssen wir gesellschaftliche Sanktionen in Kauf nehmen. Falls wir uns hingegen weigern, eine Entscheidung zu treffen, so bleiben unsere Wünsche und Ziele unrealisierbar, und wir müssen dennoch moralische und gesellschaftliche Sanktionen in Kauf nehmen.

Harmonische Aspekte (Trigon und Sextil) des Radix-Saturn mit dem Transit-Pluto

Entsprechen auch harmonischen Aspekten zwischen dem laufenden Herrscher von Haus acht und dem Herrscher von Haus zehn

Dieser Transit repräsentiert eine Phase großer persönlicher Stärke und innerer Festigkeit. Es gelingt uns, genau an den richtigen Stellen konsequent und verbindlich zu sein, ohne dadurch andere zu dominieren und einzuschränken. Alles, was uns an überpersönlichen und gesellschaftlichen Zielen und Aufgaben wichtig ist, können wir auch realisieren. Dies liegt unter anderem daran, dass wir unsere Fähigkeiten auf der einen Seite nicht überschätzen und keine übertriebenen Erwartungen hegen, wir uns aber auf der anderen Seite zielstrebig und konsequent engagieren.

Dieser Transit zeigt Ihnen auf eine ausgesprochen angenehme und beruhigende Weise, auf wen und was Sie sich in Ihrem Leben verlassen können, was trotz aller Veränderungen Bestand haben wird.

Harmonische Aspekte (Trigon und Sextil) des Radix-Pluto mit dem Transit-Saturn

Entsprechen auch harmonischen Aspekten zwischen dem laufenden Herrscher von Haus zehn und dem Herrscher von Haus acht

Besser als zu anderen Zeiten in Ihrem Leben gelingt es Ihnen, persönliche Interessen und zwischenmenschliche wie gesellschaftliche Verpflichtungen und Erwartungen unter einen Hut zu bringen. Eine der besonderen und vielleicht etwas seltsam erscheinenden Eigenheiten dieses Aspektes ist die Fähigkeit, von Mangelsituationen zu profitieren. Ein triviales Beispiel wäre eine Diät, die Ihnen endlich zu der Figur und dem Gewicht verhilft, die Sie sich wünschen. Andere Beispiele wären ein Mangel an fähigen Arbeitskräften in der Branche, in der Sie tätig sind. Logisch, dass sich der Mangel an Konkurrenz günstig für Ihr Unternehmen auswirkt.

Uranus-Transite

Prinzip: die neue Wahrheit

Konjunktion des Radix-Uranus mit dem Transit-Neptun

Entspricht auch der Konjunktion zwischen dem laufenden Herrscher von Haus zwölf und dem Herrscher von Haus elf

Da Uranus erheblich schneller durch den Tierkreis wandert als Neptun, findet dieser Transit immer später statt. Das bedeutet, dass für alle, die diesen Transit noch zu Lebzeiten erfahren können, der Übergang bereits vorbei ist oder erst in sehr hohem Alter stattfindet. Wer etwa 1920 geboren wurde, kann diesen Transit mit zirka 93 Jahren erleben. Wer 1930 geboren wurde, müsste schon hundert Jahre alt werden, um den Übergang erleben zu können. Wer danach geboren wurde, müsste ein noch höheres Alter erreichen. Es ist daher nicht sinnvoll, allzu viel Konkretes über diesen Transit auszusagen.

Wenn wir die astrologische Analogie in Verbindung zur Lebensphase setzen, in der dieser Aspekt auftritt, so können wir in spiritueller Hinsicht auf den Beginn eines neuen Zyklus spekulieren, dessen Entwicklung noch zu Lebzeiten beginnt, dessen Manifestation aber weit über diese hinausgeht. Die Individualität und das individuelle Begehren (Uranus) erlischt zugunsten überpersönlicher Einsicht und Erkenntnis (Neptun). Das heißt, es mögen mit diesem Übergang Ereignisse stattfinden, die es einem erleichtern, sich von der Anhaftung an die materielle Welt zu lösen und so seinen inneren Frieden zu finden. Auf diese Weise kann die Furcht vor dem Tod überwunden werden. Es sind sogar sogenannte Nahtodeserfahrungen möglich, die einem die Gewissheit geben, dass der Tod nicht das Ende, sondern nur ein Übergang ist.

Wer allzu sehr an seiner irdischen Existenz hängt, mag diesen Transit dafür missbrauchen, um sich über seine wahre Lage etwas vorzumachen. Gerade dann, wenn sich die objektiven Zeichen mehren, dass es dem Ende entgegengeht, mag einen dann eine entsprechende Euphorie darüber hinwegtäuschen und die Betroffenen voller Optimismus völlig unrealistische Zukunftspläne machen lassen.

Konjunktion des Radix-Neptun mit dem Transit-Uranus

Entspricht auch der Konjunktion zwischen dem laufenden Herrscher von Haus elf und dem Herrscher von Haus zwölf

Unter diesem Transit, der wie alle Uranusübergänge kaum mehr als einmal in einem Leben möglich ist, öffnen sich die Tore zu völlig neuen Realitätsräumen. Sie machen konkrete Erfahrungen, die so weit außerhalb Ihres bisherigen Lebens stehen, dass Sie diese nicht für möglich gehalten hätten. Häufig sind sie sogar religiöser oder spiritueller Natur, sodass vor allem Menschen, die sich bisher eher als Atheisten gesehen haben, plötzlich einen Zugang zum Glauben finden. Derartige Entwicklungen sind unter diesem Transit keineswegs selten. Sie erstaunen die Betroffenen selbst noch mehr als die Menschen in ihrer Umgebung.

Je nach Veranlagung ist auch eine gewaltige Steigerung des kreativen Potenzials möglich. Ideen sprudeln nur so aus einem heraus, und es kostet viel Anstrengung, wenn wir sie alle fassen wollen, ohne dass die besten Einfälle verloren gehen.

Labile Menschen können unter diesem Übergang Gefahr laufen, ein wenig den Realitätsbezug zu verlieren und in Extremfällen gar durch allzu ausgefallene Experimente ihre körperliche und geistige Gesundheit aufs Spiel zu setzen. Dies ist jedoch wirklich die ausgesprochen seltene Ausnahme und sollte normalerweise keinerlei Anlass zur Sorge sein.

Die meisten Menschen werden jetzt eine fantastische Zeit erleben, in der in jedem Augenblick etwas Neues, Aufregendes und Faszinierendes passiert.

Spannungsaspekte (Opposition und Quadrat) des Radix-Uranus mit dem Transit-Neptun

Entsprechen auch Spannungsaspekten zwischen dem laufenden Herrscher von Haus zwölf und dem Herrscher von Haus elf

Dieser Transit bietet besondere Chancen, aber auch besondere Gefahren. Ursache für beides ist ein völlig veränderter Realitätsbezug, der einen befähigt, die Welt mit völlig anderen Augen zu sehen. Wenn dieser Aspekt das Ergebnis eines persönlichen Reifeprozesses ist, dann kann das einer fantastischen individuellen Metamorphose gleichkommen, der Verwandlung einer Raupe in einen Schmetterling. Der Vergleich ist insofern passend, als der individuellen Veränderung eine Verpuppungsphase vorausgeht, in der der Horoskopeigner sich als handlungsunfähig und wie gelähmt erlebt.

Die Gefahr liegt in der Verkennung der Realität und notwendiger Veränderungen, gegen die Sie sich sperren. Es kommt zum eskalierenden Wunschdenken, das immer mächtiger und bizarrer die Wirklichkeit verdrängt. Hier kann nichts getan werden, das heißt, Sie sind handlungsunfähig. Die Ursache liegt aber nicht in einer Transformation der Individualität, sondern eben im Ignorieren von Problemsituationen, gegen die dann folgerichtig auch nichts unternommen wird.

Spannungsaspekte (Opposition und Quadrat) des Radix-Neptun mit dem Transit-Uranus

Entsprechen auch Spannungsaspekten zwischen dem laufenden Herrscher von Haus elf und dem Herrscher von Haus zwölf

Bei diesem Transit wird Verborgenes plötzlich, unerwartet und oft auch schmerzhaft offensichtlich. Unangenehme Wahrheiten mögen genauso wie gut gehütete Geheimnisse ans Licht kommen.

Mancher mag als Individuum in der Öffentlichkeit Profil gewinnen, gleichzeitig wird das Image einen zwielichtigen oder zumindest undurchsichtigen Beigeschmack erhalten.

Harmonische Aspekte (Trigon und Sextil) des Radix-Uranus mit dem Transit-Neptun

Entsprechen auch harmonischen Aspekten zwischen dem laufenden Herrscher von Haus zwölf und dem Herrscher von Haus elf

Falls dem nicht andere Aspekte widersprechen, handelt es sich bei diesem Transit um eine längere Periode, in der Sie vor unerfreulichen Überraschungen einigermaßen sicher sind. Ohne Anstrengungen Ihrerseits erhalten Sie alle Informationen, die Sie benötigen, um die anstehenden Probleme lösen und Profil in Beruf und Öffentlichkeit gewinnen zu können. Durch Ihre massiv gesteigerte Intuition bleibt Ihnen nichts verborgen, was für Sie wichtig sein könnte, selbst wenn andere dies mit allen Mitteln versuchen sollten.

Insbesondere in beruflicher Hinsicht werden Sie erfolgreich sein, da es Ihnen gelingt, die richtigen Entscheidungen zum richtigen Zeitpunkt zu treffen. Wenn Sie keine allzu großen Sünden gegen Ihre Gesundheit begehen, dürften Sie für einen längeren Zeitraum von allen Infektions- und Nervenkrankheiten verschont bleiben.

Harmonische Aspekte (Trigon und Sextil) des Radix-Neptun mit dem Transit-Uranus

Entsprechen auch harmonischen Aspekten zwischen dem laufenden Herrscher von Haus elf und dem Herrscher von Haus zwölf

Ihre Sehnsüchte, romantischen Träume und möglicherweise auch Ihre spirituellen Erfahrungen erweisen sich jetzt völlig unerwartet im Beruf sowie in Ihrer grundsätzlichen Lebensführung als nützlich. In allen Bereichen, in denen Sie wirklich Eigenständiges erdacht, entwickelt und begonnen haben, können Sie jetzt die Früchte ernten, ohne dass Sie weitere Mühen investieren müssten. Nur noch selten in Ihrem Leben werden sich derart günstige Konstellationen wiederholen.

Sie fühlen sich unabhängig und frei, jedoch alles andere als isoliert. Dieser Transit symbolisiert in harmonischer, evolutionärer

Weise entspannende und angenehme Veränderungen in sämtlichen Lebensbereichen.

Uranus-Pluto-Transite

Prinzip: der Paradigmenwechsel

Konjunktion des Radix-Uranus mit dem Transit-Pluto

Entspricht auch der Konjunktion des laufenden Herrschers von Haus acht mit dem Herrscher von Haus elf

Aufgrund der langsamen Bahngeschwindigkeit Plutos ist der Transit nur für Menschen möglich, die nach 1965 geboren wurden.

Der Übergang Plutos über Uranus entspricht der Überlagerung des Individuums durch das Kollektive. Das heißt, ausgesprochen einschneidende gesellschaftliche oder politische Ereignisse, von denen Sie sich bisher unberührt glaubten, führen zu radikalen Veränderungen der Persönlichkeit.

Die Nativen werden in einem für sie nicht gekannten Maße mit archaischen Urenergien wie Machtanspruch, Hypersexualität, Gewalt, Sucht und Tod konfrontiert. Dies mag erschreckend sein, zwingt jedoch auch, einen klaren Standpunkt zu Themen zu beziehen, um deren Aufarbeitung Sie sich bisher drückten. Ein Stück vermeintlicher Unabhängigkeit und Freiheit mag verloren gehen, dafür kann Eindeutigkeit und Klarheit gewonnen werden. Die Individualität wird an überpersönliche Werte gebunden. Die hilft den Nativen, Bodenhaftung zu gewinnen und Sinn und Ziel in ihr Leben zu bringen.

Konjunktion des Radix-Pluto mit dem Transit-Uranus

Entspricht auch der Konjunktion des laufenden Herrschers von Haus elf mit dem Herrscher von Haus acht

Wie alle direkten Uranus-Übergänge, so kann auch dieser nur einmal im Leben als Erwachsener erlebt werden. Da ein Uranusumlauf 84 Jahre dauert, sind bei Menschen, die ein sehr hohes Lebensalter erreichen, natürlich auch zwei Übergänge möglich. Allerdings wird dann der eine in sehr jungen Jahren stattfinden, während der zweite erst im hohen Alter, jenseits des 84. Lebensjahres, möglich ist.

Von allen Transiten ist dieser vielleicht der mächtigste und erschütterndste. Alles, woran wir geglaubt haben, was uns so selbstverständlich und gewiss war, dass wir noch nicht einmal auf die Idee kamen, es infrage zu stellen, stürzt in sich zusammen wie ein Kartenhaus. Dieser Transit lehrt uns, dass es keine Gewissheiten gibt, außer der Verantwortung für unser Tun, die wir ganz allein zu tragen haben. Blitzartig und beängstigend schmerzhaft werden wir uns der Tatsache bewusst, dass wir unser Leben ganz allein zu leben haben und es letztlich nichts und niemanden gibt, an den wir uns halten können, außer uns selbst.

Die konkreten Ereignisse, die zu dieser Erkenntnis führen, mögen dem außenstehenden Betrachter trivial erscheinen. Doch dies ist völlig bedeutungslos, denn alles, was uns widerfährt, hat den Wert und den Stellenwert in unserem Leben, den wir ihm geben, und keinen anderen. Für Menschen, die in den Fünfziger oder ganz am Anfang der Sechzigejahre geboren wurden, mag dieser Transit zum Beispiel mit der Geburt eines Geschwisters zusammenfallen. Dies kann durch die veränderte Position in der Familienhierarchie zu einer Sinn- und Existenzkrise führen, deren Intensität und Bedeutung kaum von den Eltern, geschweige denn von den anderen Erwachsenen verstanden und nachvollzogen wird.

Wer die Lernaufgabe und Herausforderung dieses Transits verstanden und akzeptiert hat, ist ab dem Augenblick in gewisser Weise erwachsen, selbst wenn dieses Ereignis im zarten Kindesalter stattgefunden haben sollte. Der Grund hierfür liegt in einer echten Individuationserfahrung, die mit dem Transit verbunden ist. Freiheit, Individualität, Alleinsein und Selbstverantwortung sind Preis und Ergebnis dieses Prozesses. Nie wieder werden Sie sich in Scheinsicherheiten flüchten oder Eigenverantwortung auf andere abschieben können. Genauso unmöglich ist es allerdings auch, diesen Menschen Schuldgefühle einzupflanzen oder ihnen Moral- und Sozialvorstellungen zu oktroyieren, die nicht die ihren sind.

Spannungsaspekte (Opposition und Quadrat) des Radix-Uranus mit dem Transit-Pluto

Entsprechen auch Spannungsaspekten zwischen dem laufenden Herrscher von Haus acht und dem Herrscher von Haus elf

Dieser Transit kommt, wenn überhaupt, nur ein einziges Mal im Leben vor. Er spiegelt die Ernüchterung unserer Hybris wider – oder einfacher ausgedrückt: Er holt uns von unserem hohen Ross. Alles, was wir im Leben an Eigenständigkeit und Individualität und damit auch an Persönlichkeit entwickelt haben, scheint sich als ein einziger großer Irrtum zu erweisen, der uns nichts als Ärger einbringt. Partnerschaften, Freundschaften, Geschäftsbeziehungen und alle anderen Arten von wichtigen persönlichen Beziehungen können unter diesem Transit zerbrechen oder ihren Sinn verlieren. Unvermutet stehen wir vor dem Scherbenhaufen, den wir gerade eben noch für eine einigermaßen geordnete und überschaubare Existenz hielten. Falls wir vor diesem Transit glaubten, dass es im Leben kein Problem gibt, mit dem wir nicht mit ein wenig Anstrengung und gutem Willen fertigwerden könnten, so ist die Wahrscheinlichkeit groß, dass wir während des Transits eine Phase durchmachen, in der wir glauben, wir könnten überhaupt nichts Sinnvolles zustande bringen. Fast überflüssig zu betonen, dass weder der eine noch der andere Standpunkt der Wahrheit nahekommt. Lernaufgabe und Herausforderung dieses äußerst bedeutsamen Transits ist die Einsicht, dass es einerseits notwendig ist, es sich in diesem Leben so individuell wie möglich einzurichten, denn schließlich macht die Individualität unsere Persönlichkeit und letztlich uns selbst aus ...

Andererseits bedeuten Individualität und Originalität nicht, dass wir damit ein qualitativ besseres oder richtigeres Leben als andere führen. Es geht also letztlich darum, dass wir lernen, unsere eigenen Fehler zu machen und diese auch als solche zu erkennen. Es ist besser und richtiger, eigene Fehler zu machen, als unbegriffen Richtiges zu kopieren. Verhängnisvoll wäre es, am falschen Ende konsequent zu sein und sich Einsichten und Verhaltensänderungen nur deshalb zu verschließen, weil Sie damit zugeben müssten, sich früher oder auch bis jetzt in bestimmten Punkten falsch entschieden zu haben.

Spannungsaspekte (Opposition und Quadrat) des Radix-Pluto mit dem Transit-Uranus

Entsprechen auch Spannungsaspekten zwischen den Herrschern von Haus elf und Haus acht

Dieser Transit lehrt uns, dass wir in der jetzigen Situation mit unseren bisherigen Wertvorstellungen und Prinzipien nicht mehr weiterkommen. Wir sind gezwungen, die scheinbare Sicherheit vertrauter Bindungsmuster zu verlassen. Vermutlich werden Sie sich regelrecht gezwungen fühlen, gegen Ihre bisherigen Überzeugungen zu verstoßen und inkonsequent zu sein. Da es um eine vollständige zumindest geistige Neuorientierung in Ihrem Leben geht, sind derartige Schritte nicht nur moralisch gerechtfertigt, sondern regelrecht notwendig, wenn Sie selbst nicht auf der Strecke bleiben wollen. Dieser Transit wirkt sich immer gleichzeitig schmerzhaft und befreiend aus, da wir uns aus zahlreichen geistigen, persönlichen und partnerschaftlichen Bindungen lösen müssen, die sich zwar überlebt haben, an denen wir jedoch immer noch hängen.

Harmonische Aspekte (Trigon und Sextil) des Radix-Uranus mit dem Transit-Pluto

Entsprechen auch harmonischen Aspekten zwischen dem laufenden Herrscher von Haus acht und dem Herrscher von Haus elf

Persönliche Beziehungen und Verpflichtungen führen zu einer immensen Erweiterung Ihrer gesellschaftlichen und individuellen Möglichkeiten. Macht und Anerkennung genießen Sie, weil Sie zu Ihren persönlichen Überzeugungen auch in Situationen standen, in denen diese eher unpopulär waren. Rückwirkend honoriert Ihre Umgebung, Ihr Freundes- und Bekanntenkreis Ihre eigenständige und richtigere Beurteilung bestimmter Sachverhalte und Probleme.

Neben einem erheblichen Imagegewinn bringt dieser Transit häufig eine deutliche Verbesserung der wirtschaftlichen Lage mit sich.

Harmonische Aspekte (Trigon und Sextil) des Radix-Pluto mit dem Transit-Uranus

Entsprechen auch harmonischen Aspekten zwischen dem laufenden Herrscher von Haus elf und dem Herrscher von Haus acht

Ihre Konsequenz und Ihre Vertrauenswürdigkeit, was das Einhalten von Zusagen und Verbindlichkeiten angeht, zahlen sich nun aus. Das heißt, Sie finden für die Treue zu sich selbst, vor allem aber natürlich für die zu Ihren Partnern und Freunden besondere Anerkennung. Bei der Verwirklichung persönlicher Ziele können Sie auf die Unterstützung anderer in außergewöhnlichem Maße zurückgreifen, sodass sich früher utopisch erscheinende Pläne realisieren lassen.

Neptun-Transite

Prinzip: vorstellungsbezogener Idealismus

Konjunktion des Radix-Neptun mit dem Transit-Pluto

Entspricht auch der Konjunktion des laufenden Herrschers von Haus acht mit dem Herrscher von Haus zwölf

Während den Radixaspekten zwischen beiden Planeten aus genannten Gründen kaum eine individuelle Bedeutung zukommt, hat sich in der Prognose gerade der Übergang Plutos über Neptun als besonders bedeutsam erwiesen: Eine der zahlreichen Entsprechungen Neptuns ist unser idealistisches Bedürfnis nach einer sinnvollen Lebensorientierung. Wir suchen nach dem Sinn unseres Daseins und probieren eine Menge Dinge aus, bis wir uns schließlich entscheiden und die Richtung gefunden haben, in die wir uns weiterentwickeln wollen. So hat dieser Transit eine Menge mit dem Erwachsenwerden zu tun, aus einem romantischen Teenager oder Twen wird ein Mensch, der sich seiner Verantwortung bewusst ist und die für ihn geeigneten Wertmaßstäbe gefunden hat.

Von besonderer Bedeutung ist hier, in welchem Maß der Native die Möglichkeit hatte, wirklich nach seinem Platz im Leben zu suchen. Wenn es keine Möglichkeit gab, verschiedene Dinge auszuprobieren, ist auch keine echte Entscheidung möglich. Dies gilt sowohl für die Partnerschaft als auch für den Beruf. Im schlimmsten Fall werden wir, wenn die Würfel einmal gefallen sind, das Gefühl haben, in ein Joch gepresst worden zu sein, aus dem es kein Entrinnen mehr gibt. Im günstigen Fall wird der Horoskopeigner von dem befriedigenden Gefühl erfüllt sein, endlich zu wissen, wohin er im Leben gehört und wofür sich persönlicher Einsatz lohnt.

Wie dem auch sei: Wenn Pluto über den Radix-Neptun geht, neigt sich auch eine Lebensphase unwiederbringlich ihrem Ende zu, in der Unreife und die Freiräume der Jugend zusammengingen. Letztlich ist es die persönliche Entscheidung des Einzelnen, ob er dem Verlust dieser Zeit nachtrauert oder sich über die Möglichkeiten der Erwachsenenwelt freut.

Konjunktion des Radix-Pluto mit dem Transit-Neptun

Entspricht auch der Konjunktion zwischen dem laufenden Herrscher von Haus zwölf und dem Herrscher von Haus acht

Dieser Aspekt wird erst nach über 120 Jahren exakt und kommt deshalb in einem normalen Menschenleben nicht vor.

Spannungsaspekte (Opposition und Quadrat) des Radix-Neptun mit dem Transit-Pluto

Entsprechen auch Spannungsaspekten zwischen dem laufenden Herrscher von Haus acht und dem Herrscher von Haus zwölf

Hier handelt es sich um eine der letzten wesentlichen Reifekrisen der Persönlichkeit. Zeitlich fällt dieser Aspekt häufig mit dem Pensionsalter zusammen. In der Tat geht es um die Herausforderung des Übergangs von einer aktiven, selbstbezogenen, extravertierten zu einer mehr passiven und kontemplativen Lebensphase. Für viele Menschen ist es sehr schmerzhaft, die Einsicht zuzulassen, dass sie den Höhepunkt ihrer Schaffenskraft überschritten haben, dass sie nicht mehr unersetzlich sind und langsam, aber unübersehbar auf den Tod zugehen.

Viele, die ein aktives Berufsleben dazu benutzt haben, an sich selbst vorbeizuleben, verkraften diesen Übergang nicht oder sterben gar. Dabei handelt es sich bei diesem Transit keineswegs um einen Todesaspekt (den es in dieser Form sowieso nicht gibt). Vielmehr geht es darum, sich von der Identifikation mit der materiellen Welt zu lösen, um eine gewisse Altersweisheit und Abgeklärtheit zu erreichen. Wer sich diesem Prozess stellt, wird im Alter angemessen die Früchte seines Arbeitslebens genießen können.

Spannungsaspekte (Opposition und Quadrat) des Radix-Pluto mit dem Transit-Neptun

Entsprechen auch Spannungsaspekten zwischen dem laufenden Herrscher von Haus zwölf und dem Herrscher von Haus acht

Spannungsaspekte des laufenden Neptun zum Pluto deuten auf Entwicklungskrisen hin, in denen der Native nach echten Autoritäten sucht, die er respektieren und an denen er sich orientieren kann. Da die wahre Bedeutung dieser Konstellation im Erlernen von Selbstverantwortung liegt, finden wir hier jedoch nur selten den gewünschten Halt, oder wir vertrauen den Falschen.

Mehr oder weniger schmerzhaft müssen wir zum ersten Mal im Leben erfahren, was es bedeutet, vollkommen auf sich allein gestellt zu sein. Urängste, wie zum Beispiel die Furcht vor dem Tod oder die Angst, im Leben nicht bestehen zu können und als Versager zu enden, brechen an die Oberfläche. Dieser schmerzhafte, aber sehr wichtige Prozess ist wesentlich für die gesamte weitere Entwicklung der Persönlichkeit. Je bedingungsloser Sie sich ihm ausliefern, um so mehr werden Sie in der Lage sein, die Herausforderungen des Lebens zu bestehen.

Harmonische Aspekte (Trigon und Sextil) des Radix-Neptun mit dem Transit-Pluto

Entsprechen auch harmonischen Aspekten zwischen dem laufenden Herrscher von Haus acht und dem Herrscher von Haus zwölf

Diese Transite sind ohne nennenswerte Bedeutung.

Harmonische Aspekte (Trigon und Sextil) des Radix-Pluto mit dem Transit-Neptun

Entsprechen auch harmonischen Aspekten zwischen dem laufenden Herrscher von Haus zwölf und dem Herrscher von Haus acht

Diese Transite sind ohne nennenswerte Bedeutung.

Standardwerke der Astrologie

MICHAEL ROSCHER

Astrologische Aspektlehre

213 Seiten, Hardcover
ISBN978-3-88890-271-9

Die Winkelbeziehungen zwischen den Planeten sind wichtige Elemente bei der Deutung des Horoskops. Dieses Nachschlagewerk von Michael Roscher interpretiert systematisch die harmonischen Aspekte, die disharmonischen Aspekte sowie die Konjunktionen von Sonne, Mond, Merkur, Venus, Mars, Jupiter, Saturn, Uranus, Neptun und Pluto. In dieser Aspektlehre begnügt sich der Autor nicht mit der Aneinanderreihung alter und neuer Erkenntnisse, sondern stellt immer einen entwicklungsorientierten Sinnzusammenhang her.

»Der schnörkellose, immergleiche Aufbau beeindruckt mit der Zeit, denn er dient der Orientierung. Hier geht es nicht um literarischen Glanz, sondern um Struktur und Überblick.« *DAV Newsletter März 2022*

Standardwerke der Astrologie

MICHAEL ROSCHER

Venus und Mars

Partnerschaft und Sexualität im Horoskop

335 Seiten, Hardcover, 23 Abbildungen
ISBN 978-3-89997-172-9

Venus und Mars sind die Symbole für Eros und Sexus in der Astrologie. Sie entsprechen den zwei Polen unserer Begegnungs- und Partnerschaftsfähigkeit – die gefühlsbetonte und die geschlechtliche Liebe. Die herkömmliche Astrologie kennt den Vergleich der Horoskope von Partnern. Michael Roscher beschreitet einen anderen Weg: Er analysiert die Konstellationen von Venus und Mars im Individual-Horoskop und leitet daraus das entsprechende Partnerschaftsbild sowie die Fähigkeit ab, Beziehungen einzugehen und zu gestalten. Sämtliche Venus- und Mars-Konstellationen werden kommentiert unter besonderer Berücksichtigung der Häuserthematik. Besprechungen von Beispielhoroskopen veranschaulichen die jeweiligen Bilder. Roschers Interpretationen gehen in ihrer Aussagefähigkeit weit über das hinaus, was man in der astrologischen Literatur hierzu bislang finden konnte.

»Mit diesem Buch ist den Lesern und Leserinnen ein Instrument in die Hand gegeben, um die Qualität ihrer Partnerschaft und die in ihr liegenden Herausforderungen und Entwicklungsaufgaben mit astrologischen Mitteln aufzuschlüsseln. Ein spannendes, wenn auch zeitaufwändiges Lehrbuch zu einem wichtigen Thema.« *Astrologie Heute Nr. 138*

Standardwerke der Astrologie

MICHAEL ROSCHER

Der Mond

Licht und Schatten astrologischer Mondkonstellationen

Hardcover, 7. Auflage, 542 Seiten, 35 Abbildungen
ISBN 978-3-89997-128-6

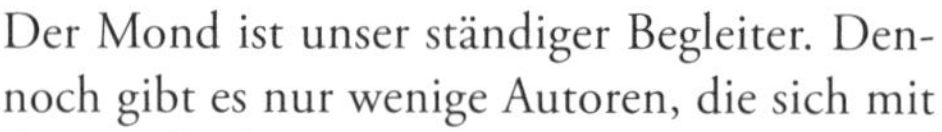

Der Mond ist unser ständiger Begleiter. Dennoch gibt es nur wenige Autoren, die sich mit

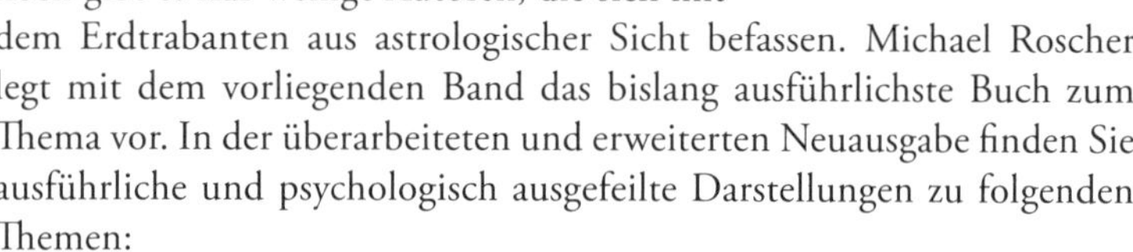

dem Erdtrabanten aus astrologischer Sicht befassen. Michael Roscher legt mit dem vorliegenden Band das bislang ausführlichste Buch zum Thema vor. In der überarbeiteten und erweiterten Neuausgabe finden Sie ausführliche und psychologisch ausgefeilte Darstellungen zu folgenden Themen:

- der Mond in den zwölf Tierkreiszeichen,
- der Mond in den zwölf Häusern,
- der Einfluss des Aszendenten auf die Monddeutung
- die Mondaspekten der Planeten und des Aszendenten
- die Mond-Transite.

Dabei hat der Autor nicht nur die Schattenseiten des Mondes berücksichtigt, sondern stellt auch dessen Lichtseiten dar. So erfahren Sie aus der Mondstellung nicht nur Ihre persönliche Lernaufgabe, sondern auch Ihre besonderen Fähigkeiten und Fertigkeiten.

Im Vergleich zu der vorliegenden ja eher spärlichen Literatur zum Thema Mond ist es wohl nicht zu hoch gegriffen, wenn man Roschers Mond-Buch als einen Klassiker bezeichnet. *Astrologie Heute*

Standardwerke der Astrologie

MICHAEL ROSCHER

Kritische Grade im Horoskop

162 Seiten, Hardcover
ISBN 3-89997-121-3

Die besondere Bedeutung einzelner Tierkreisgrade wurde im Verlauf der Entwicklung der Astrologie immer wieder hervorgehoben. Der Autor legt ein eigenständiges Regelwerk zu diesem Thema vor. Jeder Grad auf dem Tierkreis hat eine individuelle Bedeutung, die sich in der Feininterpretation des Radixhoroskops, für die Prognose und die Geburtszeitkorrektur einsetzen lässt. Dadurch wird die Genauigkeit der Aussage wesentlich erhöht. Die Bezeichnung »Kritischen Grade« ist nicht negativ zu verstehen. Sie soll zeigen, dass die Grade des Tierkreises in unterschiedlicher Stärke eigenständige Bedeutungen und teilweise das Tierkreiszeichen entscheidend verändernde Inhalte haben.

In der Tat zählen die Kritischen Grade von Michael Roscher in meinen Augen zu den bedeutendsten Errungenschaften der Astrologie in den letzten 20 Jahren, die lange Zeit nur in Seminaren des Begründers der Schule für Transpersonale Astrologie weitergegeben wurden. Nach langer, aber nicht untätiger Pause hat Michael Roscher die bereits bekannten und in der Praxis bewährten Grade durch neue, bislang noch nicht publizierte Grade ergänzt. Ferner gibt es erstmals eine Einleitung, in der Michael Roscher die Grundgedanken der Entwicklung und Entdeckung seiner kritischen Grade vorführt.

Meridian 5/2005

Standardwerke der Astrologie

MICHAEL ROSCHER

Kritische Grade in der Prognose

Mit einem Vorwort von Brigitte Hamann und Hinweisen zur praktischen Anwendung von Christopher A. Weidner

108 Seiten, Leinen
ISBN 978-3-89997-141-5

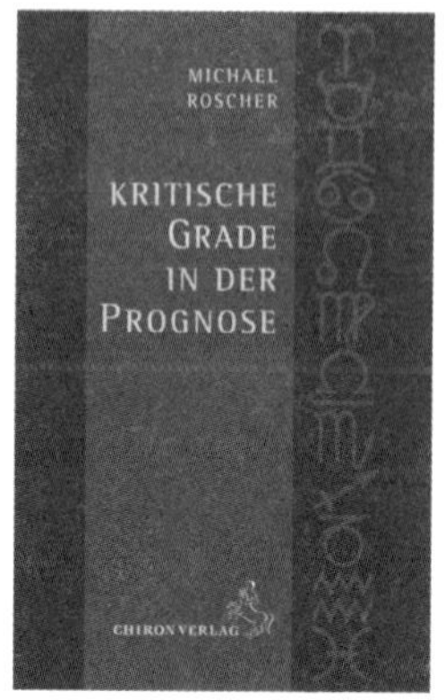

Die Interpretation der einzelnen Grade des Tierkreises ist eine klassische Methode zur Feindeutung von Horoskopen. Michael Roscher zeigt in seinem System, dass die Grade des Tierkreises in unterschiedlicher Stärke wirken und folglich auch eigenständige Bedeutungen haben. In diesem Band werden nun die Bedeutungen der einzelnen Tierkreisgrade für die Prognose veröffentlicht. Es ist die Ausgabe letzter Hand seines Regelwerkes, die um alle Erweiterungen des Autors bis zum Jahr 2005 ergänzt wurde. Christopher Weidner gibt in einem zusätzlichen Kapitel nützliche Hinweise zur praktischen Deutung.

»Für Kenner der Transpersonalen Astrologie (TPA) ist dieses Buch ein lang erwartetes und unverzichtbares Arbeitsmittel für die Prognose und die Metagnose. Im Lebenswerk von Michael Roscher nehmen die Kritischen Grade eine zentrale Stellung ein – man könnte sie mit Fug und Recht als seine bedeutsamste Entdeckung bezeichnen. Somit schließt sich auch hier eine Lücke.« *www.astrophoenix.de*